Danièle Sallenave
et le don des morts

Collection Monographique Rodopi
en
Littérature Française Contemporaine
sous la direction de Michaël Bishop

XL

Amsterdam - New York, NY 2004

Danièle Sallenave
et le don des morts

Bruno Thibault

Le papier sur lequel le présent ouvrage est imprimé remplit les prescriptions de "ISO 9706:1994, Information et documentation - Papier pour documents - Prescriptions pour la permanence".

The paper on which this book is printed meets the requirements of "ISO 9706:1994, Information and documentation - Paper for documents - Requirements for permanence".

ISBN: 90-420-0879-2
©Editions Rodopi B.V., Amsterdam - New York, NY 2004
Printed in The Netherlands

Préface du directeur de la Collection

La Collection Monographique Rodopi en Littérature Française Contemporaine vise à offrir une série d'études critiques, concises et cependant à la fois élégantes et fondamentales, consacrée aux écrivain/e/s français/es d'aujourd'hui dont l'oeuvre témoigne d'une richesse imaginaire et d'une vérité profonde. La plupart des études, choisissant d'habitude d'embrasser la pleine gamme d'une oeuvre donnée, s'orienteront vers des auteur/e/s dont l'écriture semble exiger tout de suite le geste analytique et synthétique, que, je l'espère du moins, la Collection accomplira.

L'œuvre de Danièle Sallenave, de *Paysage de ruines avec personnages* (1975) et *La Porte de Gubbio* (1980) jusqu'au *Don des morts* (1991), *Le Principe de ruine* (1994) et *D'amour* (2002), est, romans, récits, carnets de voyages, essais, parmi les plus riches, les plus éthiquement engagées, des trente dernières années. Ses fascinations et ses urgences sont multiples mais inscrivent et interrogent toute une série de constances mouvantes : une "appartenance au temps" qui refuse à la fois passéisme et hypermodernisme, l'option universaliste face aux valeurs fondamentales de la république, la nécessité de développer une culture fondée sur les critères de l'émancipation, de la réflexion critique, le refus du formalisme, comme de toute tendance platement ou superbement esthétisante, la crainte de la "ruine" et une compassion qui, ensemble, n'autorisent aucune percée visionnaire, mais plutôt une vigilance et un espoir étonnamment persistant à l'égard des options qui, improbablement, ne cessent de surgir. L'étude de Bruno Thibault contextualise et approfondit avec une grande sensibilité et une grande intelligence, avec clarté et avec subtilité tous ces facteurs, et confirme la haute pertinence d'une démarche littéraire et ontologique des plus honnêtes, des plus cohérentes de notre temps.

Michaël Bishop
Nouvelle-Écosse, Canada
août 2003

A Lisa, en souvenir de la rue Ney

Je tiens à remercier ici tous ceux qui, collègues ou amis, m'ont encouragé à écrire ce livre: en particulier Claude Leroy (Université de Paris X), Carol Murphy (University of Florida), Gerald Prince (University of Pennsylvania), Frédérique et Jean-Marie Fournier (Université de Lyon II).

Liste des abréviations utilisées

1. *Livres*

AD	*Adieu*
AM	*L'Amazone du grand Dieu*
CP	*Carnet de route en Palestine occupée*
DA	*D'amour*
DM	*Le Don des morts*
PA	*Paysage de ruines avec personnages*
PE	*Passages de l'Est*
PF	*Un Printemps froid*
PG	*Les Portes de Gubbio*
PR	*Le Principe de ruine*
TM	*Les Trois minutes du diable*
VA	*Le Voyage d'Amsterdam*
VF	*La Vie fantôme*
VI	*Viol*
VV	*Villes et villes*

2. *Articles*

AMT	"Aux Confins du monde et du temps"
BSR	"Beauvoir sans relâche"
EDS	"Entretien avec Danièle Sallenave"
ELL	"L'Éthique de la littérature"
LDG	"La Difficile Gloire de la libre existence"
LHM	"Les Hommes et moi"
LTO	"La Triste Ortie veille sur ces parages"
MPR	"Ma Présence dans le récit"
NRL	"Nous revendiquons *Le Deuxième Sexe*"
OMF	"L'Oeuvre, la morale et le féminin"

Introduction générale

Danièle Sallenave fait entendre une voix originale, nette et bien timbrée, parmi les écrivains français contemporains. Née en 1940 à Angers, normalienne et agrégée de lettres, Danièle Sallenave enseigne la littérature et le cinéma à l'université de Paris-X (Nanterre) depuis le début des années 1970. Auteur d'une quinzaine de romans, récits, journaux de voyage et essais, elle a reçu le prix Renaudot en 1980 pour *Les Portes de Gubbio*. Elle a été récemment élue membre du jury du prix Fémina. L'oeuvre romanesque de Sallenave est d'une rigueur et d'une cohérence remarquables. Cependant l'écrivain nous rappelle qu'aucune création n'est unie mais "recèle de profonds troubles, des tourments, une vision déchirée" (OMF: 170). "La Triste Ortie veille sur ces parages", un texte publié en novembre 1992 dans *Les Temps modernes,* est une rare confidence autobiographique qui permet de présenter non seulement l'artiste mais aussi la femme qu'est Danièle Sallenave. Ce texte donne un aperçu de son enfance et raconte la formation de sa pensée en soulignant les troubles, les tourments, la vision déchirée d'où naît son oeuvre. C'est donc par ce texte que nous allons commencer.

1. *la venue à l'écriture*

"La Triste Ortie" évoque l'enfance de Danièle Sallenave au cours des années quarante dans un petit bourg situé au bord de la Loire. L'enfant y découvre dès le départ une société rurale divisée en deux groupes: le clan des hobereaux et la masse des métayers. Cette situation, où l'injustice sociale se manifeste de façon criante, marquera profondément son esprit. Ses parents, pourtant, ne font partie ni du groupe des possédants ni du groupe des dépossédés. Ce sont des instituteurs de *"*l'école sans Dieu*"* dans une région encore très marquée par la lutte politique des Blancs contre les Rouges. Libres-penseurs, animés par l'idéal républicain mais jamais gagnés au communisme, ces parents donnent à l'enfant l'exemple d'une vie laborieuse, studieuse et frugale. "Leurs revenus étaient des plus médiocres, mais quoi! fils d'artisans ou de journaliers, ils ne dépendaient plus d'un patron, mais de l'État que, dans ma famille, à cause de cela, on révéra toujours" (LTO: 4). Pour les parents de Danièle Sallenave l'enseignement correspond non seulement à une vocation mais aussi à un engagement dans la société. L'école représente la lutte du savoir contre l'ignorance, de la raison contre la superstition, de la tolérance contre le fanatisme. Pour l'enfant l'école représente surtout un refuge contre l'injustice sociale. L'école délimite un terrain neutre où les vérités de l'esprit l'emportent sur les conventions sociales, où le mérite personnel prévaut sur la fortune familiale. "Les murs de la vieille école républicaine voulaient dire exactement ceci: le savoir vaut mieux que toutes les possessions" (LTO: 5). Très jeune, Sallenave a donc pris conscience que l'éducation est la voie royale de l'émancipation: non seulement parce qu'elle donne accès aux meilleurs emplois mais aussi parce qu'elle encourage le développement des facultés intellectuelles et morales de l'individu. Cette conviction, acquise dès l'enfance, n'abandonnera jamais l'écrivain.

"La Triste Ortie" évoque aussi la découverte de la nature par l'écrivain, ses longues promenades dans la campagne angevine, les heures paresseuses qu'elle a passées au bord du grand fleuve: "Dans les soirs montait cette calme mélancolie qui à jamais donna sa forme à toute l'expérience que je pourrais avoir du monde" (LTO: 7). On trouve ici l'origine du complexe mélancolique dont l'oeuvre de cet écrivain porte la trace. De quoi s'agit-il? Sallenave explique que dès son enfance elle a eu l'intuition d'assister à la fin d'un monde. "Une douleur secrète rôdait sur tout cela, en faisait comme le murmure profond, la basse continue" (LTO: 8). L'enfant a senti très tôt que la société qui l'entourait était emportée, toutes classes confondues, dans une mutation radicale. La France a vécu la fin du monde paysan au cours des années quarante. Sallenave a donc été le témoin de la disparition de ce mode de vie ancestral. Elle a assisté à la mort du *peuple*, entendu non seulement comme une manière d'être dans la société mais encore comme une manière d'être "*sur la terre*" (LTO: 9).

La disparition du monde paysan, qui a coïncidé avec la croissance industrielle des Trente Glorieuses, peut nous faire comprendre selon l'auteur ce qui se déroule aujourd'hui sous nos yeux: car nous vivons la disparition du monde industriel. C'est une banalité de dire que nous sommes entrés dans l'accélération de l'histoire: pourtant cette métaphore, comme l'a souligné Pierre Nora, décrit très exactement notre situation actuelle. D'une part le monde contemporain est saisi par le phénomène de la démocratisation, de la mondialisation, de l'informatisation et de la médiatisation. D'autre part le monde contemporain est marqué par l'éclatement des institutions qui assuraient le passage régulier du passé à l'avenir, qui indiquaient ce qui, du passé, devait être retenu, poursuivi et vénéré pour préparer l'avenir. Avec l'avènement de la société d'abondance et de consommation, la légitimation par l'avenir s'est substituée à la légitimation par le passé: nous assistons à la chute de plus en plus rapide du présent dans un passé définitivement mort et nous percevons toute chose comme disparue ou en voie de disparition. La conscience de l'accélération de l'histoire se traduit par une mémoire déchirée.[1]

Or c'est précisément cette mémoire déchirée que Sallenave met en scène dans ses oeuvres. Dans la seconde partie de "La Triste Ortie", l'écrivain nous convie à une randonnée à bicyclette. "Ayant achevé de lire le beau récit de Richard Holmes sur Nerval, ayant relu *Sylvie*, je voulais refaire, à bicyclette, les itinéraires qu'il accomplit entre la maison de son oncle et celle de Sylvie" (LTO: 11). On aurait pu s'attendre à une recherche nostalgique du temps passé car Nerval est l'écrivain de la mémoire par excellence, sensible aux coutumes du peuple d'ancien régime. On aurait pu s'attendre aussi à un parcours initiatique car l'auteur des *Filles du feu* est un écrivain visionnaire, hanté par les mythes et les archétypes immémoriaux. Mais rien de tel ne se produit. Au contraire ce parcours à bicyclette aboutit à une contre-écriture de la nostalgie. Parcourant les routes du pays enchanté de Sylvie, Sallenave note qu'un monde absolument neuf est apparu. Toute cette campagne s'est urbanisée: c'est une zone indécise, où rien ne vient donner de l'unité. Sallenave relève autour d'elle tous les signes de la déréliction moderne: les champs ras et nus, les pavillons de banlieue uniformément construits et décorés, les pylônes menaçants comme des robots géants, les bulldozers et les moissonneuses semblables à des engins spatiaux échappés de *La Guerre des mondes*. Près de Montagny, la route est rompue par la tranchée du TGV: "Toute cette terre inhospitalière me semble tendue vers un avenir brutal, sombre, conquérant, guerrier" (LTO: 12). Un peu plus loin, en

---

[1]Les lignes qui précèdent résument les analyses de Pierre Nora dans *Les Lieux de mémoire* 1: 7-10.

traversant Ermenonville, Sallenave découvre le château du marquis de Girardin, coupé de son beau parc par une route de poids-lourds. Cette scène prend pour l'auteur valeur de symbole car elle oppose en un contraste saisissant non seulement deux époques mais aussi deux conceptions du temps. D'un côté le rêve européen du XVIIIe siècle, l'existence douce et raisonnée, vécue en harmonie avec la nature et avec confiance dans le progrès de l'histoire, telle que nous la dépeint *Les Rêveries du promeneur solitaire*.[2] De l'autre la vie moderne, avide et agitée, dont nous entretiennent la voix grondante des semi-remorques et la publicité tapageuse des zones commerciales. Il serait pourtant vain, souligne Sallenave, de se lamenter. Certes le monde de Nerval et le monde de Rousseau ne sont plus: mais ces deux mondes sont tout entiers contenus dans leurs oeuvres, et il ne faut les chercher nulle part ailleurs. D'autre part leurs époques ont été marquées, comme la nôtre, par la bêtise, la laideur et la pesanteur. C'est donc à nous de saisir notre époque, "de lui arracher de la force, de la beauté, de la pensée, afin que notre temps en soit lui-même marqué" (LTO: 12).

Loin de ressentir un quelconque dépit, Sallenave éprouve donc au contraire une certaine exaltation. Il s'agit pour l'écrivain de percer un mystère: "Non pas celui de notre temps – car tous les temps furent égaux en mystère – mais celui de notre appartenance au temps" (LTO: 10). Comment saisir notre appartenance au temps? Comment vivre authentiquement l'accélération de l'histoire? Sallenave écarte d'abord la tentation du passéisme. Le passéisme consiste à vouer un culte au passé, à concevoir le temps comme un processus de ruine et de décadence. Mais l'auteur refuse d'idéaliser et de sacraliser le passé, d'y chercher refuge contre le présent et l'action. "*Ils reviendront ces Dieux que tu pleures toujours*, disait Nerval: mais non, ils ne reviendront pas" (LTO: 10)! Inversement Sallenave écarte la tentation du modernisme. Il faut vivre avec son temps, disent les esprits modernes. A quoi bon regarder en arrière? Seul compte le jour de demain qu'il faut préparer. Le modernisme consiste à vivre dans une pure tension vers l'avenir, à oublier le passé, à l'effacer, comme si ce geste allait permettre de s'en délivrer et de connaître aussitôt

---

[2] Comme on sait, c'est au cours d'un séjour chez le marquis de Girardin que Rousseau a composé l'essentiel de cet ouvrage.

des lendemains qui chantent. "En ce sens, si être moderne, comme le pressentait Baudelaire, c'est conjuguer l'amour du nouveau et la passion de l'ancien, non seulement ce n'en est pas fini d'être moderne, mais cela n'a pas encore commencé" (LTO: 13).

Le passéisme et le modernisme sont deux attitudes également fausses, qui ne font que traduire le malaise contemporain face à l'accélération de l'histoire. Mais alors quelle est l'attitude juste? Près de Montepilloy, Sallenave découvre au bord de la route une maison abandonnée, basse et sans étage. Les volets écaillés, la porte vermoulue et les ronces qui ont envahi le seuil indiquent que ses habitants l'ont désertée depuis de nombreuses années. L'écrivain imagine avec un serrement de coeur la vie quotidienne de ceux qui ont habité dans ce lieu, la succession de leurs travaux, de leurs joies et de leurs peines, jusqu'au jour du départ définitif. D'une part cette scène évoque le mode de vie rural qui a disparu au cours des années quarante. D'autre part cette scène provoque une mélancolie particulière, qui est proprement moderne: un deuil dont l'objet, mal identifié, est le rapport au temps lui-même. "La triste ortie veille sur ces parages" (LTO: 13), note l'écrivain. Cette phrase dit la douleur de ce qui n'est plus. Mais cette phrase dit aussi que nous ne saurions vivre dans le passé. Sallenave souligne que nous devons nous garder d'idéaliser le passé, de nous laisser fasciner par la mort. Mais d'autre part elle nous rappelle que nous devons nous garder de mépriser le passé, de l'ignorer, car nous ne saurions échapper au poids de l'histoire. L'attitude juste face à l'accélération de l'histoire consiste donc à dire ce deuil et ce déchirement, à s'ancrer dans cette séparation, à vivre cette tension entre le passé et l'avenir. Il faut vivre sans chercher à fuir "ce qu'y ajouta le temps d'aujourd'hui – le nôtre –, *car nous n'en aurons pas d'autre*" (LTO: 11). Ainsi conçue, notre appartenance au temps présent cesse d'être prise dans la trompeuse dialectique du révolu et du révolutionnaire, d'être ballottée entre l'impuissance et l'impatience: nous sommes rendus au présent et à l'action. Sallenave jette un regard autour d'elle, sur la maison, sur la route, sur les champs moissonnés. Il lui semble que le présent est un temps vivant, accessible, palpable: "Tout est là, se succédant et se survivant, regard immobile, enchantement continu, grâce renouvelée, vol vertical des minutes d'or au-dessus des pailles courtes" (LTO: 15).

"La Triste Ortie" est le récit intellectualisé d'une épiphanie personnelle. L'écrivain y passe en effet de la triste ortie, symbole du temps défunt, au blé doré, symbole du temps retrouvé. Pour Sallenave, on ne saurait échapper à la douleur provoquée par l'accélération de l'histoire mais cette douleur peut se renverser en joie. L'écriture permet précisément cette métamorphose car elle permet d'accéder au *temps vivant* en montrant que les trois mondes du passé, du présent et de l'avenir, ne sont pas réels dans le même sens. Sallenave oppose en particulier le temps vivant au temps abstrait qui régit l'activité sociale, temps régulier des aiguilles et des montres. Elle souligne que l'écoulement linéaire et uniforme du temps n'est qu'une convention: l'écriture permet d'y échapper. "Il n'est pas une image, un geste ou une action qui ne se tisse immédiatement de remords, de souvenirs, d'anticipations, de projets, de promesses. Et c'est aussitôt, sous vos yeux, sur la page, comme si le monde imaginaire rejoignait le monde objectif dans la structure organisatrice de la phrase" (PE: 92). Pour Sallenave, l'écriture dévoile la nature même du présent: elle fait passer le *vécu* tout entier, intérieur et extérieur, avec ses ramifications passées et ses projections futures, dans le réseau signifiant de la phrase. On comprend dès lors que l'écriture ne correspond pas exactement à la spéculation abstraite, conduite selon les règles du raisonnement logique: c'est une sorte "d'accompagnement de l'existence, où celle-ci s'accomplit" (PE: 92).

Pour Sallenave, l'écriture saisit le monde plongé dans la durée. L'écriture ne se contente pas de constater la présence des choses, de décrire leur apparence: elle participe à leur naissance, à leur déploiement, à leur disparition. L'écriture saisit les êtres et les choses dans leur évanescence: elle les situe dans l'éclairage de la mort. Mais en même temps l'écriture permet de préserver l'image de ces êtres et de ces choses: elle permet d'accéder à un temps nouveau où le passé n'est pas nié. L'écriture poursuit donc un double objectif. Écrire, c'est d'une part essayer de comprendre: c'est essayer de mettre de l'ordre dans le vécu. Écrire, c'est d'autre part sauver de l'oubli: c'est tenter de préserver. L'écriture est un appel où se rassemblent "le temps, l'attente, le surmontement de la mort, le désir de réconciliation et, quelle qu'en soit la forme, la certitude de l'immortalité" (PE: 177).

Tout un art romanesque se dessine ici. Certes Sallenave emploie une écriture très analytique, raisonnée et réglée; mais celle-ci est traversée d'éclairs vifs, d'éblouissements, où les choses ordinaires apparaissent dans un temps réconcilié. Cet état contemplatif, dégagé de l'intellect mais non hostile à lui, lui succédant et le complétant plutôt, correspond à la vision poétique. Il permet de saisir dans les situations ordinaires le spectacle des choses éternelles, "au sens où ce rayon de soleil qui frappe la surface miroitante du fleuve est éternel" (PE: 23). Il est clair que pour Sallenave l'écriture repose sur un sujet conscient et réfléchi. L'écrivain s'interroge sur la société. L'écrivain définit un point de vue politique. Mais en même temps l'écriture porte la marque d'un sujet incertain, ouvert au mystère. L'écriture traduit l'émerveillement de l'homme face au monde. Certains instants font brèche dans le temps, explique l'auteur; et, par cette brèche, quelque chose de mystérieux et de simple se livre entièrement: "*Le monde est...* C'est alors l'unique pensée qu'on peut avoir. Encore est-ce à peine une pensée, mais plutôt un accord, une confiance, une oraison" (PE: 93).

Sallenave n'a pas la foi[3]. Mais il est clair que pour elle la vie d'écriture se tient bien près, par certains aspects, de l'expérience de la contemplation. Comme la contemplation, l'écriture permet d'échapper aux représentations abstraites et de s'arracher aux catégories de l'intellect. Elle permet de dénouer et de décentrer pour quelques instants ce *moi* rationnel dont la psychanalyse a montré toutes les limitations. D'où le sentiment d'aise et d'élation – d'extase – que peut produire l'écriture. "La contemplation d'objets insignifiants, abandonnés, m'aide à descendre très bas, et à me trouver. Non à me retrouver. *'Je'* ne suis pas..." (PE: 13). L'extase dont parle Sallenave est une forme d'abjection. Loin d'arracher l'écrivain au monde, elle le fait adhérer à l'humble réalité. Sallenave parle avec insistance du "principe d'éternité" (PE: 182) dont chacun de nous peut faire l'expérience dans la vie ordinaire. Mais, encore une fois, cette éternité n'est pas de nature religieuse. En mourant les hommes ne gagnent aucun autre monde. En revanche ils peuvent connaître ici-bas l'éternité des choses présentes dans un regard attentif.

2. *le temps de l'engagement*

Alain Finkielkraut a créé *Le Messager européen* en 1987, appuyé par un prestigieux comité de patronage qui comprend Élisabeth de Fontenay, François Furet, Milan Kundera, Octavio Paz et Philip Roth.

---

[3]Parcourant l'oeuvre de Flannery O'Connor, Sallenave note: "Si la foi ne me convient pas, l'absence de foi ne me convient pas non plus" (PE: 215).

Danièle Sallenave y occupe la fonction de rédactrice en chef. Dans leurs premiers éditoriaux, Sallenave et Finkielkraut partent d'un constat: depuis le partage de Yalta, l'Europe de l'Ouest vit dans un état d'amnésie, comme si sa soeur jumelle, à l'Est, n'existait pas. Deux ans avant la chute du mur de Berlin, les deux éditorialistes se proposent donc d'établir un véritable dialogue avec les intellectuels des pays de l'Est. "L'autre Europe n'est pas une Europe différente, mais le lieu où l'esprit européen est menacé de mort" (1: 11). Sallenave et Finkielkraut s'efforcent donc de faire entendre les voix de l'Est menacées d'anéantissement. Mais cette tâche n'est pas aisée. Outre les problèmes posés par la censure des régimes communistes, *Le Messager européen* doit tenir compte de l'extrême variété des opinions et des situations dans cette grande mosaïque qui s'étend des pays baltes aux Balkans. De plus la revue doit veiller à ne pas caricaturer les intellectuels de l'Est en les réduisant au rôle de dissidents exclusivement voués à la dénonciation de leurs oppresseurs.

La chute du mur de Berlin, en 1989, marque évidemment un tournant décisif pour *Le Messager européen*. Dans leur éditorial de cette année-là, Sallenave et Finkielkraut se réjouissent d'abord de la victoire de la démocratie sur le totalitarisme. Ils célèbrent le retour des libertés civiques et politiques dans les pays de l'Est. Ils encouragent leur transition vers le pluralisme politique et vers l'économie de marché[4]. Cependant Sallenave et Finkielkraut s'inquiètent de l'adhésion sans réserves des nouvelles élites au libéralisme et au consumérisme. L'Europe nouvelle doit-elle vraiment adapter sur son sol la *démocratie de marché* implantée aux États-Unis? L'Europe n'est-elle qu'une *grande surface* à la recherche d'un directeur?

Le Messager européen oppose donc dans ses pages deux conceptions de la démocratie et deux conceptions de la culture. L'une considère que l'individu est tout fait, constitué en nature, et qu'il s'agit simplement d'écarter les obstacles qui entravent son expression spontanée pour lui permettre de se réaliser. L'autre considère au contraire que l'individu est à construire, à éduquer, à cultiver. "Dans un cas, la liberté, c'est l'épanouissement; dans l'autre, la liberté, c'est l'émancipation"

---

[4]Sallenave publie dans *Le Messager européen* plusieurs notes de voyage qui reflètent cette transition. Ces témoignages seront repris dans *Passages de l'Est*. Nous y reviendrons dans le chapitre cinq consacré aux journaux de voyage de l'auteur.

(3:11). Mais que veut dire émancipation aujourd'hui? Sallenave et Finkielkraut soulignent qu'il est urgent d'arracher les hommes contemporains au consumérisme. A la suite de Condorcet, ils soulignent le rôle fondamental que doit jouer l'éducation dans une démocratie moderne. Plus que des fins utilitaires, l'école a pour mission de former des individus raisonnables, aptes à réfléchir en toutes circonstances. Mais l'école actuelle répond-elle à cette attente? Les deux auteurs notent que l'école actuelle peine à transmettre l'idéal d'émancipation hérité des Lumières. Tout se passe comme si la culture avait perdu son prestige et sa légitimité, non seulement auprès des élèves mais aussi auprès des maîtres chargés de la diffuser. A la suite de Simone Weil, Sallenave et Finkielkraut rappellent le lien étroit qui unit l'émancipation à la tradition. Émanciper l'homme ne veut pas dire le couper de ses racines, le séparer de sa mémoire, lui faire oublier le passé, comme le souhaite l'esprit moderne, mais lui permettre d'échapper à l'emprise du préjugé. "Un homme sans tradition est privé du pouvoir de questionner le monde: un homme rivé à sa tradition aussi" (3: 11).

Plusieurs des réflexions présentées dans *Le Messager européen* ont été reprises et développées par Sallenave dans *Le Don des morts*, un essai polémique sur les enjeux actuels de la culture. Cet essai, publié en 1991, a provoqué des réactions assez vives car Sallenave y dénonce l'entreprise de "délégitimation culturelle" (DM: 84) menée en France par certains intellectuels de gauche depuis les années soixante. Sallenave critique en particulier les thèses de Pierre Bourdieu pour qui la suppression des privilèges sociaux implique une remise en question radicale de l'idée de culture. Le sociologue explique dans *La Distinction* que les goûts culturels sont de purs signes sociaux: ils reflètent l'appartenance d'un individu à telle ou telle classe sociale. Autrement dit, la culture dominante n'est que la culture de la classe dominante: elle ne jouit d'aucune supériorité intrinsèque. Mais la culture n'est-elle vraiment qu'un moyen de se distinguer socialement? La hiérarchie que l'on établit d'ordinaire entre la fréquentation des musées et la lecture des bandes dessinées, entre les tragédies de Racine et les romans de Simenon, n'est-elle qu'une illusion? Comme Jan Patocka et comme Theodor Adorno, Sallenave rappelle à ses lecteurs que la culture, loin d'être un instrument de domination sociale, demeure la voie royale de l'émancipation. Car la culture ne saurait se réduire à un ensemble de connaissances ou de références que l'individu doit maîtriser pour se conformer à un code idéologique dominant: la culture est un exercice libre et quotidien de l'esprit par les livres. Sallenave insiste beaucoup sur cette idée. D'une part la lecture des grandes oeuvres du passé n'est ni un divertissement ni une pratique culturelle parmi d'autres: c'est un exercice dont le but est la formation du jugement. "La culture est le chemin, le procès, le passage qui doit être parcouru si l'on veut entrer en possession de soi, penser, rêver et agir par soi-même" (DM: 83). D'autre part la mission de l'école n'est ni de perpétuer la culture de l'élite ni de promouvoir l'idéologie des professeurs. La mission de l'école est d'enseigner la pratique de la réflexion et de l'étendre à l'ensemble du corps social.

Pierre Bourdieu a réagi de façon très vive aux critiques contenues dans *Le Don des morts*. Dans l'avant-propos de son étude consacrée à Flaubert, *Les Règles de l'art*, il reproche à Danièle Sallenave ses "lieux communs bien-pensants" (9), son "culte scolaire du Livre" (9), sa croyance en une "transcendance de l'oeuvre d'art" (11) qui ne dissimulerait qu'un refus de la "connaissance rationnelle" (11). Soucieux d'éviter la question de la mission de l'école, Bourdieu dénonce "l'angélisme littéraire" (15) de la romancière qu'il rapproche des positions de Proust dans *Contre Sainte-Beuve*. Pour remettre les pendules à l'heure, Sallenave a fait paraître un article mordant, "Eh bien, la guerre!", dans lequel elle attaque de front le "marxisme primaire" (36) du sociologue, la "ratiocination morose, rancunière et finalement conformiste" (36) qui lui assure un "magistère incontesté dans la presse" (36). Puis Sallenave dénonce "la prétention théorique" (36) de Pierre Bourdieu qui veut fonder une science des oeuvres d'art. Loin de démystifier le champ littéraire, Bourdieu produit "une pure théorie du reflet" (36) lorsqu'il analyse la structure de l'espace social chez des écrivains qu'il a condamnés par avance à l'ineptie. Les remarques de Sallenave viennent ainsi confirmer les critiques adressées par Michel Deguy à Pierre Bourdieu quelques années plus tôt dans *Choses de la poésie et affaire culturelle*.

Certes on ne peut nier que la haute culture, surtout en France, se soit édifiée sur le refus de la culture populaire et le mépris des cultures régionales. On ne peut nier non plus que l'université ait été longtemps le lieu d'un enseignement académique assez stérile, fonctionnant à la fois comme code de référence et comme moule de reproduction pour les classes privilégiées. Sallenave le sait mieux que quiconque: son expérience personnelle a rendu l'auteur sensible au snobisme que véhicule parfois la culture. Mais l'auteur du *Don des morts* n'oublie pas que ce sont les grandes oeuvres du passé qui ont inspiré depuis la Renaissance l'émancipation des esprits et la lutte contre les privilèges. Pierre Bourdieu prétend agir au nom de la justice sociale et de la rigueur scientifique. L'étude des grandes oeuvres est qualifiée par lui d'élitiste et de passéiste. Mais que nous propose-t-il en échange? La *culture cul-cul* des media? Les savoirs pauvres et répétitifs des classes populaires?

Pour bien comprendre la virulence de cette querelle concernant les enjeux de la culture et la mission de l'école, il convient de noter que Sallenave et Bourdieu ont enseigné tous deux à l'université de Paris X (Nanterre). La polémique qui les oppose exprime ainsi, de façon indirecte, la mutation idéologique qui est en cours au sein de l'université française, suite à l'effondrement du gauchisme et au recentrement du paysage politique national. Sallenave est très consciente de ce phénomène. "Les temps ont changé", souligne l'auteur. "Non pas parce que ce seraient ceux d'un nouvel Ordre Moral, comme Bourdieu veut commodément le croire, mais parce que, ça et là, timidement, des professeurs, des gens, des citoyens relèvent la tête et osent de nouveau – scandale! – réclamer plus d'École, et dire que l'École est l'instrument de l'émancipation" (36). Mais en même temps il faut noter que Sallenave fait face, sur un autre flanc, à la formidable politique de démocratisation de l'enseignement que poursuivent les ministres qui se sont succédés rue de Grenelle depuis plus de vingt ans. Que signifie la démocratisation de l'école? Sallenave montre d'une part qu'en apportant 80% d'une génération au bac, les responsables de l'Éducation nationale avalisent une formidable baisse du niveau et entérinent le recul général des savoirs fondamentaux. Sallenave dénonce d'autre part le fondement pseudo-intellectuel du pédagogisme contemporain, les sciences de l'éducation, et son support institutionnel, les IUFM ou instituts universitaires de formation des maîtres. Elle souligne que toute idée de sélection a désormais déserté l'école. Une pédagogie par objectifs s'est substituée à l'apprentissage des programmes. Les examens sont remplacés par un contrôle continu de plus en plus flou et subjectif, où nul ne peut échouer. Danièle Sallenave rappelle que l'idéal républicain ne s'oppose nullement à la constitution d'une élite basée sur le mérite. Dans l'école contemporaine, malheureusement, l'animation a remplacé l'instruction, l'expression ludique l'étude appliquée, le *surfing* informatique la culture générale. L'école est en passe de devenir un immense cours Pigier, lance l'écrivain. C'est la condamnation sans appel du lycée *light* implanté aux États-Unis.[5]

Les prises de position courageuses de Sallenave dans la presse, à la radio et à la tribune de nombreux colloques, reposent sur ce constat: l'école traverse une crise. Du point de vue de la transmission des valeurs, l'école laïque et républicaine aura fonctionné, non sans heurts parfois, pendant près d'un siècle. Mais aujourd'hui, les valeurs culturelles dominantes ne passent plus par l'école: elles sont relayées – voire créées – par les media. Cette culture nouvelle assure la promotion de l'oral sur l'écrit, de l'image sur le langage, de l'iconique sur le logique: c'est la *grande dérive visuelle* dont parlait déjà Michel Deguy dans *Choses de la poésie*. Mesure-t-on la médiocrité intellectuelle de toute une génération, coupée de toute tradition vivante, obnubilée par les slogans du consumérisme? Sallenave affirme que la culture, parce qu'elle n'est plus vraiment transmise par l'école ni soutenue par les institutions sociales, est devenue une sorte de devoir. L'écrivain souligne la nécessité de maintenir vivant l'héritage culturel que nous ont légué les siècles passés. "Toute la *culture* est à moi, elle est mon héritage, ma *responsabilité*" (PE: 204). Loin d'étouffer l'individu, l'héritage de la culture est émancipateur. Non seulement les grandes oeuvres nous enseignent comment nous libérer des préjugés anciens, mais elles nous enseignent aussi comment nous détacher des illusions contemporaines. La culture est ce *don des morts* qui nous fait connaître un monde plus large et plus complexe que le monde immédiat qui nous entoure. La culture nous oblige à faire le deuil de la facilité, de l'ignorance et de l'arrogance.

3. *l'éthique de l'oeuvre*

Le Don des morts ne présente pas seulement un réquisitoire contre la démission de certains intellectuels et de certains enseignants. Il propose aussi au lecteur une réflexion approfondie sur l'art du roman. Pour Danièle Sallenave le projet grandiose défini par Flaubert au siècle dernier

---

[5]Sur ce point, voir *Lettres mortes*: 25-26. Notons que les observations de Danièle Sallenave corroborent celles de François Bayrou dans *La Décennie des mal-appris*. Elles s'opposent en revanche aux thèses défendues par Claude Allègre et Philippe Meirieu.

est toujours d'actualité. Malheureusement le réalisme du maître de Croisset est devenu aujourd'hui une plate description de la société tandis que le travail de la forme est devenue une alchimie vide de sens. Pour échapper à la littérature comme "document" (DM: 139) ainsi qu'à la littérature comme "monument" (DM: 139), Sallenave propose donc à l'écrivain contemporain de renouer avec la grande tradition du roman européen, c'est-à-dire avec l'écriture conçue comme une entreprise de dévoilement du vécu. Sallenave dénonce dans son livre "l'athéisme littéraire" (DM: 127) de toute une génération. Elle critique les écrivains qui, en mettant l'accent sur les apories de la *mimesis*, refusent d'admettre le pouvoir représentatif des mots. Elle observe que les "radiations déconstructives" (DM: 131) qui touchent l'univers romanesque contemporain mènent à une impasse puisque les auteurs n'ont rien trouvé à substituer à l'ancienne *catharsis* du lecteur: ils l'ont simplement déplacée. S'imagine-t-on que l'identification du lecteur soit moins forte lorsque le personnage se nomme A. comme chez Robbe-Grillet, Qfwfq comme chez Calvino, ou lorsqu'il est réduit à n'être qu'une bouche d'ombre comme chez Beckett? Une littérature qui se divertit à la dénégation de ses pouvoirs peut-elle faire oublier aux lecteurs la nécessité de s'interroger sur l'existence et sur l'époque?

Sallenave note que pour arracher l'oeuvre à la métaphysique du sens et de l'inspiration, les avant-gardes des années 60 ont voulu rompre avec le culte du "maître à penser" et de "l'homme de génie": elles ont conçu le travail de l'oeuvre sur le modèle du travail manufacturé, la création devenant production et l'auteur le simple ouvrier du signifiant. Cependant la mise à mort de l'auteur a produit une littérature des catacombes, ésotérique et expérimentale, qui enferme l'écrivain dans une équivoque *jouissance*. A-t-on vraiment rompu avec la figure romantique du génie maudit? Et, en dénonçant le mythe de l'auteur, n'a-t-on pas mutilé le projet de l'écrivain?[6] Pour Sallenave la mort de l'auteur n'a de sens que si elle permet la *résurrection* de celui-ci sous la forme d'un narrateur authentique, c'est-à-dire d'un narrateur qui se porte garant de la véracité de l'expérience qu'il décrit. Évidemment, Sallenave sait bien que la vie sociale et psychologique des hommes est devenue, depuis la fin du XIXe siècle, l'objet des nouvelles sciences humaines: l'histoire, la

---

[6]Sur ce point, voir *A quoi sert la littérature?*, page 90.

sociologie, la psychologie. Mais ces sciences, en élaborant leurs lois et leurs systèmes, perdent de vue la dimension de l'unique, que restitue justement la littérature. Sallenave distingue donc nettement le roman à thèse, qui illustre un système, de l'oeuvre authentique, qui interroge le monde à travers une expérience singulière. Le roman est une exploration du vécu; il ne saurait exposer une doctrine toute faite. Certes le romancier ne doit pas ignorer le savoir de son temps; mais le romancier doit savoir échapper au savoir.

> On se défie de la pensée dans le roman. On dit que ce n'est pas sa place. On la croit contraire à l'art. On a raison quand la pensée dans le roman signifie l'écrasement de l'intrigue sous le poids de la thèse, et la soumission de l'histoire à une vérité préétablie. Mais on a tort aussi de croire que l'art doit n'être qu'instinct, spontanéité, ou pur travail de la forme. Car c'est en devenant un mode de pensée que le roman moderne, le roman européen, est né, offrant à l'homme problématique issu de la Renaissance le lieu irremplaçable d'une méditation sur son existence dans le monde.[7]

Danièle Sallenave considère que l'oeuvre s'édifie sur le refus de l'existence mutilée, résignée, absorbée au jour le jour dans une succession de tâches indifférentes. La vie doit être réfléchie, méditée, orientée par la pensée. L'oeuvre traduit une révolte et une lutte contre l'aliénation. Lorsqu'elle évoque cette visée éthique de l'oeuvre, Sallenave prend cependant soin de distinguer son cheminement ouvert des impératifs de la morale. L'oeuvre conduit en effet l'écrivain à faire face à ses propres opacités, à se soumettre à une expérience qui le trouble et qui le dépasse. "La pratique de l'oeuvre oblige à distinguer la position éthique de la position morale ou, si l'on préfère, évite qu'on confonde la visée éthique avec une visée moralisatrice" (OMF: 169). Sallenave s'oppose ici aux thèses présentées par Tzvetan Todorov dans *Face à l'extrême*. Pour elle, l'oeuvre implique un processus qu'il faut bien nommer dépossession. "L'oeuvre oblige à la lenteur, au doute, à la perte de soi, au détour, à l'incertitude radicale... Elle conduit l'artiste là où il ne savait pas qu'il irait, là où il ne voulait peut-être pas aller... Elle affronte trop souvent la différence, l'altérité, le mal, pour s'ériger en leçon" (OMF: 169). L'oeuvre est donc porteuse d'une interrogation ouverte sur l'existence, interrogation

---

[7] "La Belle Histoire du roman": 36.

qui porte aussi sur la morale établie. Le roman éthique renvoie dos-à-dos les injonctions du roman à thèse et celles du roman édifiant. Il refuse la facilité du best-seller et l'ascétisme stérile du texte formaliste. Il parle de l'expérience vécue, c'est-à-dire de la vie menée en société et plongée dans la finitude.

Précisons cette dernière idée. Pour Sallenave, l'écrivain double le monde réel d'un monde imaginé non pour se décharger du poids du présent mais au contraire pour le cerner et le célébrer, pour le comprendre et le commémorer. La littérature envisage l'existence dans l'éclairage de la mort. La littérature est toujours liée au deuil et porte en elle "un goût de mort, de néant, d'irréparable" (DM: 170). Sallenave note que nombre d'oeuvres littéraires sont nées d'un deuil réel – par exemple celui d'un parent – intervenu de façon traumatique au cours de l'enfance. Mais elle souligne que ce deuil doit atteindre par la suite un certain de degré de généralité ou d'universalité pour donner naissance à une oeuvre. Ce que Mallarmé nomme "l'absence" et ce que Perec nomme "la disparition" correspondent à ce processus du deuil vécu, réfléchi et transposé. La douleur naît de voir mourir les êtres chers. Mais la douleur peut se muer en volonté de se souvenir, de témoigner. Alors le deuil se transforme en dette.

Dans les derniers chapitres du *Don des morts*, Sallenave propose une relecture de l'essai fameux de Freud, "Deuil et mélancolie", en l'incorporant à sa réflexion sur l'essence de la littérature. Sallenave retient de l'analyse de Freud quatre points principaux. Premier point: il faut distinguer soigneusement le deuil, prostration passagère provoquée par la perte d'un être aimé, et la mélancolie, dépression morbide dans laquelle l'objet perdu demeure flou et mal identifié parce qu'il est refoulé dans l'inconscient. Second point: la mélancolie est associée à la manie. L'état d'abattement pathologique, d'ennui et de désintérêt pour le monde qui caractérise le patient mélancolique s'accompagne de brusques bouffées d'exaltation, d'activité fébrile et de surexcitation. Troisième point: la mélancolie est caractérisée par une dépréciation délirante de soi. Freud avance ici l'hypothèse selon laquelle cette dépréciation de soi recouvrirait en fait une animosité secrète contre l'objet aimé défunt. Celui-ci se serait montré indigne de l'attachement du malade en le trahissant par sa disparition, fantasmée comme un abandon, un rejet, une désaffection. Quatrième point: la mélancolie correspond à une profonde scission dans l'organisation de la personnalité du patient. Le surmoi, identifié à l'être aimé perdu, condamne le moi, en le dévalorisant sans cesse. Le combat acharné de ces deux instances psychiques explique l'asthénie et la paralysie psycho-affective du sujet mélancolique.

En adaptant ces observations au deuil mélancolique dont la littérature porte la trace, Sallenave reconnaît d'une part que ce ne sont pas les morts qui nous trahissent: c'est nous qui les trahissons, en les abandonnant à l'oubli. Cette fatalité de l'oubli suscite chez certains individus une intense culpabilité et les pousse à créer un "tribunal imaginaire" (DM: 172) où les morts commémorés puissent leur pardonner. Ce tribunal imaginaire, c'est l'oeuvre littéraire. Dans l'oeuvre littéraire, l'angoisse de survivre se retourne en volonté de se souvenir. Ce qui était culpabilité se transforme en fidélité. L'oeuvre littéraire, en préservant les faits et les gestes des disparus, en recueillant "l'inflexion des voix chères qui se sont tues", selon l'expression de Verlaine, assure ainsi de façon très concrète la *catharsis* de l'écrivain.[8]

Sallenave observe d'autre part que la scission engendrée par la mélancolie entre le moi et le surmoi trouve un écho dans le roman avec l'opposition du personnage et du narrateur. Dans le roman, il existe toujours une tension secrète entre le narrateur et le personnage. Cette tension peut même aller dans certains cas jusqu'à l'ironie féroce. Cependant cette tension entre le narrateur et le personnage constitue l'essence du genre romanesque: on ne saurait vraiment séparer le narrateur du personnage qu'il anime. Sallenave ajoute que c'est le narrateur qui, pour l'écrivain, constitue l'instance du pardon, et non le personnage. Qu'est-ce en effet qu'un narrateur? C'est une voix qui organise le récit et qui donne un sens aux événements. C'est une voix qui fait retentir la voix des morts et qui lui ressemble. "Se faire narrateur, c'est jouer le rôle du mort pour permettre aux morts de se faire entendre" (DM: 176). C'est donc en devenant un narrateur que l'écrivain accède à la compréhension et à la réconciliation.

Pour Sallenave, le but de la littérature est de nous faire accéder à une autre conception du temps où le passé n'est plus le temps de la mort, le temps de l'oubli coupable ou de la fascination morbide, mais au

---

[8]Les analyses de Sallenave recoupent ici les réflexions de Kristeva sur le *pardon esthétique*. Sur ce point, voir *Soleil noir: Dépression et mélancolie*: 215-17.

contraire le temps de la remémoration. Dans l'existence ordinaire, le présent n'offre pas de prise. "Le présent est la proie d'un mouvement constant qui nous jette vers l'avant, tandis que lui-même glisse vers l'arrière, vers le gouffre, le néant, la perte" (DM: 183). En revanche le temps de l'oeuvre est un éternel présent. Le monde est saisi au moment où il bascule dans le passé et l'oeuvre souligne indéfiniment ce passage, cette transformation. La littérature offre donc au lecteur une expérience authentique, complète et concrète, du temps. "L'éternel présent des livres est comme le pressentiment que la vérité du monde se donne d'un coup, fugitivement et pour toujours, dans une remémoration mélancolique et dans une anticipation joyeuse".[9]

4. *face à la guerre*

Sallenave sait qu'à l'heure actuelle les intellectuels qui s'engagent sont soumis à une sorte de procès. De toute évidence ils ne peuvent plus parler au nom de la révolution: les dictatures sanglantes du XXe siècle ont mis un terme à leur passion pour les utopies politiques. Mais le repli des intellectuels ne masque-t-il pas souvent un simple accommodement au monde tel qu'il est, avec ses injustices? Pour Sallenave on n'aura rien résolu en disant que les intellectuels sont des citoyens comme les autres, sans légitimité particulière. Au contraire les intellectuels jouent un rôle capital dans une société libre. Ils incarnent la confiance du corps social dans l'utilité du débat, dans la vertu du dialogue, dans la possibilité du changement. "Il n'y a pas de démocratie sans intellectuels" (OMF: 160). Évidemment, les intellectuels doivent se garder de jouer un rôle qui n'est pas le leur: ils ne sont ni des prophètes ni des experts. Leur fonction est de combattre la démagogie, d'où qu'elle provienne. Comment? Par l'analyse, par le commentaire, par l'élucidation. Par la prise de parole publique, dans les livres et dans les journaux, dans les débats radiophoniques et

---

[9]DM: 181. Dans ces pages, Sallenave explique que les grands temps narratifs, l'imparfait et le passé simple, ne sont pas une manière de s'exprimer mais une manière de penser le monde. Ils permettent de suspendre le cours du passé et de mettre l'accent sur la sidération de l'instant. Sur cette écriture du *temps suspendu* chez Flaubert, voir "Le Lecteur enchanté": 53-57.

télévisés.[10]

Le nom de Sallenave disparaît du comité de rédaction du *Messager européen* en 1991, date à laquelle elle rejoint *Les Temps modernes*, sous la direction de Claude Lanzmann, sans qu'on ait le sentiment d'une rupture mais plutôt d'une continuité dans l'action et dans l'engagement. Dès l'été 1992, Danièle Sallenave devient secrétaire générale de rédaction de cette revue: elle occupera ces fonctions pendant trois ans exactement, jusqu'en août 1995. Son travail porte immédiatement sur la guerre civile en Bosnie puis sur le conflit du Kosovo. Sallenave organise plusieurs numéros thématiques sur les événements de Yougoslavie parce qu'ils reflètent de façon dramatique tous les problèmes de l'Est, trois ans après les *révolutions de velours*. Attentive au conflit le plus grave que l'Europe ait connu depuis 1945, Sallenave s'interroge sur les nouvelles formes de nationalisme qui apparaissent au lendemain de la déclaration d'indépendance de la Slovénie et de la Croatie. Au fond la Yougoslavie meurt de ce même droit qui, en 1918, l'avait fait naître: le droit des peuples à l'autodétermination. Mais l'indépendance des petites nations est-elle la meilleure solution pour régler les problèmes soulevés par la réforme de la fédération? L'indépendance des petites nations signale-t-elle la naissance d'un véritable projet politique, ouvert à l'intérieur et tourné vers l'Europe? Ou bien s'agit-il d'un retour au communautarisme le plus grossier, d'une "crispation sur l'identité historique ou mythique, raciale ou religieuse" (9)?

En février 1993 *Les Temps modernes* publie "Choses vues en Serbie", un témoignage dans lequel Sallenave relate sa visite à Vukovar, ville-martyre, à demi-détruite après un an de siège et d'occupation par les forces serbes. L'écrivain évoque la guerre de la Krajina, zone reconquise par les Serbes sur la Croatie. Puis elle décrit ses conversations avec des gens ordinaires appartenant à plusieurs ethnies qui lui déclarent leur attachement à une patrie yougoslave, comme au temps de Tito. Sallenave se refuse à démoniser le peuple serbe: "'La prétendue 'arriération serbe' n'est pas plus un principe d'explication que la 'barbarie germanique' ou la 'cruauté asiatique'" (34). Mais il lui semble qu'en Serbie, mieux qu'ailleurs, on peut sentir la nature fanatique du renouveau nationaliste qui

---

[10]Sur ce point, voir l'essai intitulé "De la démagogie, et des moyens de la combattre": 18.

menace d'enflammer les Balkans. Sallenave découvre en Serbie un régime aux abois, hégémonique et puissamment armé, taraudé par l'esprit de revanche et des rêves de grandeur. Sait-on que le peuple serbe est l'héritier d'une série de conflits qui, dans l'imagination populaire, ont pris des proportions épiques: la lutte contre le pouvoir de Rome, la résistance contre l'empire ottoman, la haine de l'Allemagne nazie, le refus de l'occupation russe? Dès lors ne pouvait-on prévoir que l'indépendance de la Croatie et plus encore l'indépendance de la Bosnie seraient perçues comme des menaces et qu'elles auraient des conséquences tragiques? "Si le maintien de la fédération devenait impossible – par la faute des Serbes principalement – ne fallait-il pas exiger que toutes les républiques prissent leur liberté en même temps" (36)?

Le numéro de juin 1993 des *Temps modernes* revient sur cette situation dramatique et examine les conséquences concrètes de l'indépendance pour la Bosnie, une terre où les trois groupes serbe, croate et musulman, s'étaient mêlés. "Si le cas de la Bosnie est exemplaire, c'est qu'elle est le miroir de l'ex-Yougoslavie" (104). Sallenave rappelle qu'en 1992 les citoyens de Sarajevo et les membres de la résistance bosniaque avaient massivement exprimé leur opposition à la partition. D'une part l'écrivain critique la politique sécessionniste de la Slovénie, pays riche et ethniquement homogène, soutenu sans scrupules par l'Allemagne. D'autre part l'écrivain dénonce les opérations de purification ethnique menées par Belgrade dans plusieurs régions tenues sous son contrôle. L'écrivain sait qu'on accuse ceux qui redoutent l'éclatement brusque de la fédération yougoslave d'être des nostalgiques du stalinisme, des *munichois* ou des *vichyssois* qui font le jeu de Belgrade. Mais la naissance des nouvelles nations méritait-elle "pareils massacres, pareils déracinements, pareils malheurs" (105)? Sallenave souligne que la disparition de l'Etat yougoslave ne supprime pas la réalité de l'espace yougoslave. C'est donc en aidant Belgrade à devenir démocratique que l'on pourra permettre aux Balkans de connaître enfin la paix.

Le numéro de janvier 1994 des *Temps modernes,* intitulé "Une Autre Serbie", rassemble une quarantaine de contributions signées par des intellectuels serbes. Dans son éditorial, Danièle Sallenave présente le cercle de Belgrade, fondé en 1992, qui rassemble des écrivains, des scientifiques et des artistes serbes indépendants. Ces hommes et ces femmes sont dans la situation des dissidents des pays de l'Est à la fin des années 70, affirme l'écrivain. Ils sont peu nombreux, ignorés de leurs concitoyens, mais ils soutiennent l'opposition au régime de Milosevic, le parti de l'Alliance civique. Ils relèvent ainsi l'honneur des intellectuels serbes, gravement compromis par les déclarations des académiciens les plus prestigieux en faveur des "formes les plus extrêmes du populisme et du chauvinisme belliciste" (3). Ce recueil d'articles est suivi durant l'été 1994 d'un second numéro spécial consacré aux réactions de ces intellectuels face à la radicalisation de la guerre. L'enjeu est clair: il s'agit de militer contre le régime militaire de Belgrade, qui impose la violence en ex-Yougoslavie, et de favoriser l'établissement d'un régime démocratique en Serbie même, en aidant le cercle de Belgrade à devenir une véritable force politique.

L'engagement de Danièle Sallenave n'a évidemment pas pris fin avec ses activités au sein des *Temps modernes*. A son témoignage sur la guerre en ex-Yougoslavie, il faut rattacher ses écrits sur le conflit israélo-palestinien. Durant l'hiver 1997, Sallenave s'est rendue dans les territoires occupés militairement par Israël. Son témoignage, *Carnet de route en Palestine occupée*, est accablant. Sur les routes qui conduisent de Naplouse à Ramallah, de Jérusalem à la Mer morte, Sallenave découvre le régime brutal d'*apartheid*, c'est-à-dire la politique systématique de colonisation et de discrimination ethnique mise en place par Israël en Cisjordanie. "Le régime dont Israël est politiquement et idéologiquement le plus proche, c'est l'Afrique du Sud d'avant 1992" (CP: 193). Évidemment Sallenave n'ignore pas le souci légitime de sécurité de l'État hébreu. Mais elle note que dans les territoires occupés les forces de la nation dominante s'appliquent à écarter et à exproprier la nation dominée. Malgré les sept villes devenues autonomes par l'application des accords d'Oslo, les territoires occupés par Israël sont en fait colonisés et annexés. "Du point de vue d'une majorité des Israéliens, leur présence en Cisjordanie n'est nullement destinée à cesser; elle résulte d'une confiscation légitime, d'une annexion nécessaire à la constitution du *Grand Israël*" (CP: 51).

Dans son journal, Sallenave décrit aussi le camp immense des réfugiés palestiniens de Gaza. Elle montre l'abandon et la colère des nombreuses familles entassées là, arrachées à leurs villages et à leurs terres. Soulignant le bien-fondé de la cause palestinienne, l'écrivain se garde pourtant de ranimer l'une de ces mythologies révolutionnaires dont les intellectuels européens sont si friands. L'*intifada* n'est-elle pas à double tranchant? Le sacrifice de ces jeunes gens est-il toujours justifié? Le culte des martyrs n'est-il pas souvent l'alibi du terrorisme fanatique? Sallenave voit réunies dans les camps de réfugiés les conditions favorables pour radicaliser "un islam sunnite pourtant si éloigné de l'islamisme à la chiite et de son horizon de mort" (CP: 157). L'écrivain sait que la cause palestinienne sert souvent d'alibi à un antisémitisme qui n'ose avouer son nom. Elle n'ignore pas non plus la corruption de l'Autorité palestinienne, son népotisme et ses penchants autoritaires. Elle connaît aussi le sort réservé aux femmes dans le monde musulman. Mais l'ombre de la *shoah* doit-elle masquer les épreuves quotidiennes subies par des milliers de Palestiniens depuis la fin des années quarante? Et les aberrations de la politique arabe doivent-elles justifier la politique inique et cynique menée par Israël?

> Aucune autre époque n'aura plus que la nôtre parlé de mémoire – et même d'un devoir de mémoire –, mais il est évident que certaines mémoires sont de trop, parce qu'elles gardent la trace d'événements qu'il conviendrait d'oublier. Les camps de Gaza en font partie puisqu'ils sont l'ombre portée d'une usurpation déniée. (CP: 147)

Ce témoignage courageux a suscité de vives réactions et bien des réserves. Peut-on émettre un jugement si tranchant sur une question si complexe? Un seul voyage en Palestine permet-il de saisir véritablement les enjeux politiques, identitaires, économiques et stratégiques de cette région? Pierre Vidal Naquet pense que oui: "Dans dix ans, dans vingt ans, on pourra relire ce livre en jugeant que l'auteur n'a été que trop lucide"[11]. Il explique que le terme d'*apartheid* n'est pas trop fort pour décrire la politique menée par Israël. Les territoires occupés se partagent en trois zones: la zone A, contrôlée par l'Autorité palestinienne, la zone B où elle n'exerce que les pouvoirs civils, la zone C annexée de fait par Israël. Dans la zone A se trouve la majorité de la population; dans la zone C, la plus grande partie du territoire. "Trois zones, deux humanités. L'une jouit de tous les droits, l'autre est reléguée, enfermée, surveillée par les colonies de peuplement juif" (15).

Le 13 juillet 1999, Sallenave a publié dans *Le Monde* un second

---
[11]Pierre Vidal Naquet, "Apartheid en Palestine": 15.

témoignage sur le conflit israélo-arabe. Elle y raconte son second séjour en Palestine, dans les villages arabes situés sur le territoire d'Israël mais déclarés illégaux par le gouvernement. Sallenave visite le village d'Ein Houd, situé entre Tel-Aviv et Haïfa, non loin du kibboutz de Nir Etzion. Ein Houd est un village de 250 personnes environ, sans route, sans électricité, sans téléphone et sans équipement sanitaire. Ses habitants ont été chassés de leurs maisons par la guerre; à leur retour, ils ont trouvé celles-ci occupées par une colonie d'artistes juifs. Sallenave décrit la guerre d'usure, les vexations et les interdictions de toutes sortes qui frappent la communauté arabe d'Ein Houd: interdiction de cultiver les terres ou d'élever du bétail, interdiction de bâtir des habitations durables. Elle souligne que ces villageois arabes sont des citoyens israéliens: mais faute d'adresse officielle, ils ne peuvent exercer leur droit de vote. Enfin l'écrivain note que le cas d'Ein Houd est loin d'être unique. Il existe en Israël des centaines de villages similaires dont les habitants, expulsés par la guerre, ont été chassés de leurs terres. Ironie suprême: la "loi des absents", qui entérine la spoliation des populations arabes, a été votée la même année, 1950, où la Knesset promulguait la "loi du retour", donnant à tout juif le droit de s'installer en Israël.[12]

L'exemple de la Yougoslavie et l'exemple de la Palestine montrent que pour Sallenave l'écrivain doit penser le monde actuel, *son* monde. L'écrivain ne saurait saisir véritablement l'éternel présent des choses en fuyant tout contact avec la réalité: il doit au contraire s'engager dans l'Histoire. L'auteur de *Carnet de route en Palestine occupée* cherche à faire oeuvre de vérité: à comprendre sans préjugés les actions et les passions des hommes. Ses témoignages nous parlent de la réalité la plus brutale et la plus brûlante. Ils nous font voir sans fard "la face inapaisée du monde" (PE: 168).

Nous avons voulu donner dans cette introduction un aperçu général de la personnalité, de l'esthétique, de l'éthique et des engagements successifs de Danièle Sallenave. Mais il est clair que la vision du monde de cet auteur ne s'est pas faite en un seul jour. Il est donc important de revenir maintenant en arrière pour étudier son évolution de livre en livre,

---

[12] Voir Danièle Sallenave, "Dans les villages illégaux d'Israël": 18.

pour décrire le mouvement de sa pensée riche et dense. Au fil des textes nous observerons le retour de certains thèmes privilégiés: nous verrons naître ainsi une certaine cohérence. Mais en même temps nous constaterons la remarquable diversité des genres employés par l'écrivain. *Le Voyage d'Amsterdam*, *Les Trois Minutes du diable*, *Un printemps froid*, *Viol*, *Le Principe de ruine*, *Le Don des morts* sont des livres très différents par le ton et par la forme. Nous étudierons donc comment Sallenave ne cesse de renouveler les genres, en passant du récit autobiographique au roman polyphonique, du témoignage sur la 'vie séparée' au récit dialogué, du journal de voyage à l'essai polémique.

Chapitre 1

Exercices de style

Danièle Sallenave écrit de façon régulière depuis 1967. Cette année-là est marquée à Paris par un grand brassage d'idées. Sous l'effet des travaux de Lacan, de Derrida, de Barthes et d'Althusser, un véritable procès de la notion de signe s'engage dans les milieux intellectuels. C'est alors la grande vogue de la revue *Tel Quel* dont la "théorie d'ensemble" interroge la jonction du marxisme et de la psychanalyse, et préconise la substitution polémique du texte à l'oeuvre pour définir un rapport nouveau du sujet parlant à l'histoire[1]. Des années 60 jusqu'au seuil des années 80, *Tel Quel* constitue certainement le foyer le plus actif de l'avant-garde en France. Comme le note Jean-Pierre Salgas, "chaque étape, chaque virage de *Tel Quel*, qu'il soit littéraire ou politique, a généré une autre revue, un autre groupe, une nouvelle collection, contrefaçon ou contrefeu" (17). Lorsque Jean Ristat, proche de Louis Aragon et du P.C.F., crée *Digraphe* en janvier 1974, il s'adresse à Danièle Sallenave, Jacques Derrida et Luce Irigaray pour en former le comité de rédaction. Jacques Derrida vient de prendre ses distances avec le groupe de *Tel Quel* qui est entré dans la phase la plus radicale de son expérience maoïste. La "révolution culturelle" de *Tel Quel* – amorcée dès 1971 et poursuivie jusqu'en 1976 – conduit en effet l'équipe réunie autour de Philippe Sollers et de Julia Kristeva à multiplier les attaques contre le "dogmatisme", le "révisionnisme" et "l'opportunisme" du parti communiste français[2]. *Digraphe* entend maintenir au contraire des liens solides entre l'avant-

---

[1] Concernant le tournant qu'a représenté l'année 1967 pour la théorie du texte, voir Roland Barthes, *Oeuvres complètes* I: 1167.

[2] Concernant le tournant maoïste de *Tel Quel* et la brouille qui oppose alors Derrida et Irigaray à Kristeva et Sollers, voir Patrick French: 184-185 et Juliana de Nooy: 80-82. Aux difficultés que soulèvent les attaques répétées de *Tel Quel* contre la stratégie politique du P.C.F. – à savoir son alliance avec le PS pour créer en France un véritable front social-démocrate – s'ajoute évidemment le désaccord grandissant entre Derrida et Lacan.

garde et les communistes. Il est pourtant peu question de politique dans les premiers numéros de *Digraphe*: l'accent est mis au contraire sur la question du logocentrisme et sur les stratégies textuelles qui permettent sa déconstruction. A la suite de Derrida, *Digraphe* définit le texte d'avant-garde comme le lieu d'une double épreuve: épreuve de l'imaginaire par la théorie, mais aussi épreuve de la théorie par l'imaginaire. Cette *digraphie* peut évidemment emprunter plusieurs formes, comme le montre l'exemple magistral de *Glas* paru la même année. Mais dans tous les cas il s'agit de *dérégler* toute théorie en révélant la charge fictionnelle et inconsciente qui la travaille: de la déposséder, par le travail de l'écriture, de toute prétention à l'unité et à la vérité. "La dialectique, pour poursuivre son exercice, aurait besoin de se déprendre, encore et toujours, de l'emprise de *l'un, le même*" (*Digraphe* 1: 1).

Dans les premiers numéros de la revue, Danièle Sallenave traduit plusieurs textes importants de Roberto Calasso, de Pier Paolo Pasolini et d'Italo Calvino. Elle fait également paraître une série de fragments narratifs – "L'Origine de l'égalité", "Cryptes", "L'Ode à la force des femmes", "Les Règles de la conversation" – qui reflètent les grandes orientations de la revue et qui forment le noyau de ses deux premiers romans. Sallenave publie enfin un essai polémique, "L'incidence gnoséologique du signe", qui renvoie dos-à-dos le formalisme post-valéryen et le marxisme lukácsien. Comme Derrida, qu'elle cite à plusieurs reprises, Sallenave plaide en faveur d'une déconstruction des "entités hypostasiées" (*Digraphe* 1: 91) par la critique contemporaine. D'une part Sallenave propose une critique rigoureuse de la notion de superstructure que les intellectuels marxistes utilisent de façon abusive en identifiant la littérature au discours dominant et en réduisant les enjeux de l'écriture à la simple question du réalisme social. D'autre part Sallenave s'interroge sur le lien purement sémiotique du "signifiant" et du "signifié" car il lui semble que les structuralistes refondent une métaphysique du signe en excluant tout recours au réel. L'emploi systématique par *Tel Quel* de formules comme "le primat du signifiant", "le travail du texte" ou "le jeu de l'écriture" n'a-t-il pas produit un véritable dérapage théorique au cours duquel ces "non-concepts subversifs" (*Digraphe* 1: 92) ont été transformés en de véritables dogmes?

En avril 1975, Sallenave devient secrétaire de rédaction de *Digraphe*. Le comité de rédaction fait alors paraître un véritable manifeste,

"Le Moment venu", qui précise la ligne de la revue en se démarquant encore plus nettement des positions de *Tel Quel*. *Digraphe* reconnaît d'abord qu'avec *Tel Quel* et le Nouveau Roman, la littérature des années soixante a été le lieu d'une mutation décisive, à plusieurs niveaux: "rupture avec le texte représentatif, accentuation du signifiant, dislocation des codes littéraires traditionnels" (*Digraphe* 5: 5). Cependant *Digraphe* souligne qu'un certain essoufflement se fait sentir. D'une part les nouveaux romanciers, en dénonçant systématiquement les impasses du réalisme, ont négligé l'importance des déterminations historiques. Ils n'ont pas grand chose à nous dire sur le monde contemporain. D'autre part leurs textes ne peuvent guère être appréciés sans la compétence théorique qui les détermine. Cet hermétisme renforce un certain élitisme. Enfin tout se passe comme si les nouveaux romanciers avaient borné leurs ambitions à la subversion savante des codes littéraires traditionnels. Or, pour *Digraphe*, la modernité littéraire ne saurait se limiter à ce formalisme universitaire:

> En rejetant comme marque de passéisme toute narrativité, on a délibérément ignoré des continents entiers: non seulement les textes majeurs de la littérature latino-américaine, arabe ou orientale, mais aussi ceux de la littérature européenne dont la puissance mythographique est irréductible à une simple transgression des codes. (*Digraphe* 5: 6)

Le comité de rédaction de *Digraphe* entend donc réagir contre le lexique théorique qui a envahi le récit contemporain. Il entend réagir aussi contre la multiplication des jeux de spécularité dans les oeuvres de fiction. L'éclatement de la représentation, quand il ne signifie rien d'autre que la dénégation de l'histoire et l'abolition du sujet, ne saurait entamer le discours dominant[3]. Pour lutter contre les excès du formalisme, *Digraphe* réaffirme la place éminente que doivent occuper le marxisme et la psychanalyse dans la littérature contemporaine. Le marxisme, en proposant une vision critique de l'histoire, peut servir de fondement à une nouvelle représentation de la société. Il en va de même pour l'approche psychanalytique qui permet une vision critique du sujet. Cependant *Digraphe* considère avec méfiance les diverses tentatives de synthèse entre marxisme et psychanalyse qu'ont proposé les théoriciens de *Tel Quel*.

---

[3]Sallenave a critiqué à plusieurs reprises le pseudo-modernisme iconoclaste de Jean Ricardou. Sur ce point, voir *A quoi sert la littérature?*: pages 99 et 104.

"D'un champ à l'autre, des termes et des procédures ont été exportés souvent hâtivement, qui, sous l'apparence d'une corrélation calculée, ont plutôt produit une théorisation analogique" (*Digraphe* 5: 8). L'attention portée à la fonction du signifiant dans la théorie n'a-t-elle pas conduit certains à confondre le jeu de langage et l'élaboration conceptuelle? N'est-ce pas le cas, en particulier, de ceux qui revendiquent la *jouissance subversive* de l'écriture?

> Loin d'amener qui que ce soit sur des positions révolutionnaires,... cette revendication restaure le mythe d'une liberté inconditionnée et reproduit ainsi un anarchisme théorique et politique ouvertement droitier. (*Digraphe* 5: 9)

Il est clair que la revue *Digraphe*, très influencée au départ par les recherches théoriques de *Tel Quel*, entend cependant maintenir dans ses pages une certaine orientation marxiste. D'autre part – et bien que *Digraphe* prenne des gants pour le ménager – il est clair que certaines des réserves exprimées par le comité éditorial peuvent s'appliquer également aux travaux de Derrida. "Si la fiction peut montrer la clôture de la métaphysique et en entreprendre la déconstruction, il n'est pas sûr que... le matérialisme historique puisse se prêter à des opérations du même genre"[4]. Il existe ainsi un certain flottement dans les prises de position de Danièle Sallenave au début de sa carrière d'écrivain. Il faut distinguer soigneusement la période des années 70, durant laquelle l'auteur subit des influences très diverses, notamment celles de Louis Althusser et de Roland Barthes, de Julia Kristeva et de Jacques Derrida, de *Tel Quel* et du Nouveau Roman – et la période des années 80, au cours de laquelle on observe dans son oeuvre une réhabilitation très nette de la narration réaliste et un approfondissement de l'engagement politique. Nous allons voir dans les pages qui suivent que les deux premiers romans de Sallenave sont spéculaires et abstraits comme ceux du Nouveau Roman. Mais nous allons voir aussi qu'ils sont marqués par une certaine angoisse du *référent perdu*. Ces deux textes manifestent un souci de l'histoire qui les

---

[4]*Digraphe* 5: 7. Luce Irigaray et Jacques Derrida disparaissent peu après du comité de rédaction. Danièle Sallenave demeure secrétaire de rédaction de *Digraphe* jusqu'en 1977.

distinguent déjà nettement des expériences de la littérature littérale.⁵

1. *ruines et traces*

Paysage de ruines avec personnages, publié en 1975, est le premier roman de Danièle Sallenave. Ce roman est un collage assez décousu de fragments descriptifs et de monologues intérieurs. Il n'offre aucune intrigue. Le paysage de ruines avec personnages évoqué par le livre est au départ celui de Rome dont l'auteur décrit les vestiges grandioses. Deirdre Dawson a souligné l'importance de la métaphore de l'archéologie dans ce roman. D'une part l'ouvrage est divisé comme les sections d'un site archéologique: "L'Allée des Tombeaux" (PA: 7-22) donne accès aux "Inscriptions" (PA: 23-40), lesquelles sont suivies de "Portiques" (PA: 53-74), de "Cryptes" (PA: 99-118) et d'"Alignements" (PA: 119-34). Dans le préambule du livre, Sallenave parcourt ce "dépôt ancestral" (PA: 14): elle déchiffre les épitaphes à demi effacées qui émergent des décombres; elle exhume les événements du passé recouverts par l'oubli; elle étudie les grandes étapes d'une civilisation qui a changé le monde. Mais en même temps Sallenave constate que l'histoire ne forme pas un ensemble linéaire et continu: le cheminement historique est caractérisé par une série de ruptures. C'est pourquoi l'écrivain refuse d'employer une narration homogène et téléologique dans son texte: au contraire elle emploie une narration fragmentée et décousue pour "réfuter la conception de l'histoire comme un tout homogène et centré".⁶

D'autre part Sallenave observe à Rome que le passé n'est pas derrière nous comme on se l'imagine dans une représentation linéaire du temps – mais sous nos pas, sous forme de couches et de strates superposées. Elle nous propose d'envisager notre propre passé sur le même modèle et de considérer que nous sommes faits, nous aussi, de couches et de strates superposées plus ou moins conscientes⁷. Le parcours

---

⁵Comme on sait, Roland Barthes emploie cette expression pour désigner le Nouveau Roman à sa naissance. Sur ce point, voir *Oeuvres complètes* I: pages 1185 et 1212.

⁶"Règles d'intervention(s)": 14. Cet article est une sorte de manifeste littéraire publié par Sallenave en 1974 dans *Littérature*.

⁷Sallenave développe cette idée dans *Villes et villes*: 7-8.

archéologique que décrit *Paysage de ruines* présente donc certaines analogies avec l'itinéraire que suit l'analysant à travers "les paysages oubliés et les traces archaïques de sa psyché" (PA: 4). Sallenave propose au lecteur de franchir le seuil des sanctuaires païens, de s'enfoncer dans l'obscurité des caveaux anciens, de descendre marche après marche jusqu'à la fosse des sacrifices humains, encore "imbibée du sang des victimes égorgées" (PA: 48). Il s'agit d'atteindre ici le fond de la psyché, de s'y nourrir de "terre ancienne" (PA: 48), et de remonter ensuite vers l'air libre, "comme un enfant encore gluant de placenta et de sang" (PA: 48).

Mais en dépit de ces images fortes et suggestives, il faut avouer que *Paysage de ruines* ne donne pas l'impression d'une véritable "descente aux limbes de soi" (PA: 49). Ce livre ne présente ni les complexes freudiens qu'on pourrait attendre d'une authentique auto-analyse, ni les archétypes jungiens qu'on aurait pu attendre d'une plongée dans l'inconscient collectif de la civilisation. En fait il existe dans ce livre une certaine ambiguïté de la voix narrative. Tantôt c'est une voix qui dit "je", tantôt c'est une voix qui dit "nous". L'auteur juxtapose le point de vue psychanalytique et le point de vue historique sans établir une quelconque synthèse entre ces deux points de vue. Certes le texte souligne l'analogie qui existe entre la mémoire individuelle, pleine de trous et de hiatus, de complexes et de blocages, et l'histoire collective qui est marquée de failles et de replis, de ruptures et de tournants. Cependant le texte souligne surtout la béance qui sépare l'expérience subjective du temps, le temps existentiel, et la connaissance objective du passé, la conscience historique. Sallenave résout le problème du montage de ces deux perspectives en supprimant purement et simplement les signes de ponctuation dans le texte. Le résultat est un *mixage* où la voix qui dit "je" et la voix qui dit "nous" se chevauchent et s'enchevêtrent sans que lecteur puisse toujours les dissocier. Rappelons que vers la même époque Philippe Sollers élimine également les signes de ponctuation dans ses textes. L'auteur d'*H* et de *Paradis* se situe dans une logique de la transgression, de la perte et de la jouissance. L'absence de ponctuation lui permet de figurer l'énergie des pulsions, des souffles, des spasmes: bref à réinvestir le corps dans la langue écrite. Mais chez Sallenave, au contraire, l'accent est mis sur "le passage ingrat par les traces mortes" (PA: 33), sur le poids du passé dans le présent, sur l'effort nécessaire de la mémoire pour lutter contre la perte et l'oubli. D'une part *Paysage de ruines* met en scène l'immense et compliqué *palimpseste* de la mémoire dont parlait Baudelaire: les traces y renvoient toujours à d'autres traces, dans une chaîne de sens qui ne semble jamais atteindre aucun référent définitif. Mais d'autre part *Paysage de ruines* fait valoir que ce détour indéfini de la mémoire, individuelle ou collective, permet seul un retour authentique au présent. *Paysage de ruines* cherche donc à mettre en scène la conscience moderne de l'histoire: une conscience saturée de ruines, de signes et de traces; une conscience hantée par la guerre et la destruction; une conscience bousculée par la rapidité des changements matériels et sociaux; une conscience malheureuse pour laquelle la continuité de l'histoire et son *telos* sont devenus problématiques.

Dans *Paysage de ruines*, la ruine fonctionne comme une trace paradoxale. La ruine est une trace du passé mais elle n'est pas encore passée. Même détériorée, la ruine est toujours présente; et elle agit sur notre vécu. Ce qui n'existe plus, c'est évidemment le monde auquel la ruine appartenait: "sait-on de quoi rêvaient les Romains les Grecs les Égyptiens les Chaldéens les Assyriens les peuples à barbe noire de Mésopotamie" (PA: 104)? Cependant la ruine demeure: elle nous invite à l'interprétation. *Paysage de ruines* oppose ainsi deux types de mémoire. D'une part la mémoire des sociétés anciennes, qui est une mémoire inconsciente et collective, qui reconduit un héritage donné pour immuable, en associant l'autrefois des ancêtres au temps indifférencié des mythes, des héros et des origines. D'autre part la mémoire des sociétés modernes qui correspond à une opération intellectuelle et laïcisante, basée sur la critique, la comparaison, l'analyse[8]. C'est pourquoi la représentation des ruines est ambiguë dans *Paysage de ruines*. Les monuments anciens sont les vestiges des croyances immuables des peuples disparus; mais ces ruines sont pour nous des traces qui déconstruisent cette mémoire ancienne.

Danièle Sallenave est fascinée par les ruines et par leur interprétation. Cette fascination est sensible non seulement dans son premier roman mais aussi dans les nombreuses descriptions de ruines qui émaillent l'ensemble de son oeuvre, des *Portes de Gubbio* aux *Trois Minutes du diable*. Sallenave note que les ruines offrent fréquemment à

---

[8] Je m'inspire ici des analyses de Pierre Nora dans son essai "Entre mémoire et histoire": pages 19-20.

l'esprit quelque chose de reposant car il semble qu'elles soient l'oeuvre du temps: "l'oeuvre d'une évolution lente, paisible, comme l'érosion d'une montagne ou le creusement millénaire d'un fleuve"[9]. Mais l'écrivain sait qu'il existe peu de ruines naturelles. Dans la plupart des cas, les ruines sont le résultat de la violence des hommes. C'est pourquoi les vestiges qui apparaissent dans *Paysage de ruines* ne provoquent aucune nostalgie du passé mais au contraire une prise de conscience de l'accélération de l'histoire, de la rupture violente entre le monde moderne et le monde antique. Sallenave veut faire sentir au lecteur le "mouvement de torsion surprenant" (PA: 63) qui caractérise l'époque contemporaine. Elle veut montrer que nous sommes entrés dans une ère nouvelle où "rien ne peut couvrir le bruit des pics des marteaux des excavatrices qui viennent mordre le sol des anciens jours" (PA: 66). La section du livre intitulée "Fouilles" (PA: 41-55) décrit comment, pour bâtir de nouveaux immeubles dans une grande ville, il est souvent nécessaire de démolir tout un ensemble d'habitations anciennes. Pendant quelques semaines, les passants peuvent contempler les ruines du passé à ciel découvert: les façades éventrées des vieux immeubles, les murs de briques où courent les tuyaux de canalisation, les caves emplies de gravats et de débris. On sait ce qui meurt et doit mourir. Mais sait-on ce qui doit naître? On sait ce qu'il faut détruire. Mais sait-on ce qu'il faut préserver? Le monde moderne se propulse dans l'avenir à l'aveuglette, "comme un Lazare trop longtemps immobilisé dans le sommeil et dans la mort" (PA: 65).

Paysage de ruines propose au lecteur une véritable rumination de ce que Paul Ricoeur nommera quelques années plus tard "les apories de la phénoménologie du temps" (III: 153). D'une part le roman décrit les grandes civilisations du passé, le temps historique. D'autre part le roman décrit l'expérience subjective du temps chez l'individu, le temps existentiel. Puis le roman oppose le temps existentiel du sujet au temps objectif des aiguilles et des montres. Enfin le roman oppose le temps moderne au temps antique. C'est pourquoi *Paysage de ruines* présente au lecteur différents types de mémoire. Le lecteur est d'abord frappé par les nombreuses allusions politiques et historiques dans ce livre. L'écrivain met en scène toute l'histoire de la civilisation européenne, avec sa succession de royaumes, d'empires, de dynasties, de guerres et de conquêtes. Sallenave

---

[9]Danièle Sallenave, *Villes et villes*: 13.

juxtapose ici pêle-mêle "Othon, Vitellius Pupien Hadrien Marc-Aurèle" (PA: 34), Clovis et Napoléon III, César et Lénine. Le lecteur est ensuite frappé par l'évocation des grandes oeuvres du passé, c'est-à-dire par la mémoire humaniste et artistique qui vient exprimer le non-dit refoulé d'une époque. Sallenave juxtapose ici "Puccini Turandot Tosca Verdi Macbeth Aïda" (PA: 31); elle confronte le Tancrète du Tasse (PA: 80) au Siegfried de Wagner (PA: 91); les images pieuses de Fra Angelico aux scènes galantes de Watteau (PA: 77); la Malibran chantant dans "Le Barbier de Séville" à Londres (PA: 142) à Madeleine Renaud jouant "Phèdre" sur le carreau des mines d'Anzin (PA: 117); d'Annunzio posant près de son auto après la prise de Fiume (PA: 160) à Proust posant en maillot en bain sur la plage de Cabourg (PA: 112). Un troisième type de mémoire vient frapper le lecteur: il s'agit des signes matériels du présent, des objets nouveaux de la technologie, des transformations rapides du décor urbain. Cette mémoire est toute imprégnée par l'univers de la consommation et des loisirs. Sallenave décrit alors la couverture des premiers guides Michelin (PA: 28), le papier d'emballage du chocolat Van Houten (PA: 96), les affiches de Coca-Cola (PA: 83), les catalogues de la Redoute et des Trois-Suisses (PA: 146), les sigles de Péchiney et de Rhône-Poulenc (PA: 148), les photos des journaux à sensations et les publicités de lessive à la télévision (PA: 137). Dans la section du livre intitulée "Trophées" (PA: 136-54), Sallenave décrit enfin une femme âgée et isolée, qui se remémore son passé. Cette vieille femme, parvenue au terme de son existence, représente l'extension extrême du souvenir humain. Sa vie établit un pont entre deux âges: entre la Belle Époque et les années 60. La vieille femme se souvient par exemple du petit peuple qui venait autrefois passer le dimanche sur les bords de la Seine: les rémouleurs, les ramoneurs, les blanchisseuses, les couturières. Mais qui donc s'en soucie aujourd'hui? Autour d'elle s'édifie un nouvel art de vivre, avec de nouveaux métiers, de nouvelles moeurs, de nouveaux loisirs. La vieille femme incarne ainsi le souvenir vécu, le temps existentiel concret, en tous points opposés à la mémoire livresque et au temps historique abstrait.[10]

Paysage de ruines entraîne donc le lecteur dans une sorte de vertige temporel. Sallenave nous invite à faire l'expérience de plusieurs

---

[10]Cette opposition entre la mémoire existentielle et la mémoire historique sera reprise et développée dans *Adieu*. Nous y reviendrons dans le chapitre 3.

mémoires parallèles et concurrentes, à faire l'expérience de l'accélération de l'histoire, à éprouver les limites de notre durée. L'auteur ne cherche ni à raconter une histoire, ni à ressusciter le passé, mais s'efforce de représenter différents modes de perception du temps – le temps existentiel, le temps objectif, le temps historique et le temps moderne. Dans le chapitre intitulé "Prospettive finte" (PA: 75-98), Sallenave s'interroge sur les pouvoirs de l'écriture qui, bien entendu, est elle-même trace, mémoire et représentation. L'écrivain prend pour point de départ la fresque fameuse réalisée par Pisanello pour la chapelle Pellegrini près de Vérone, "Saint Georges délivrant la princesse de Trébizonde". Sallenave note d'abord que, contrairement à la tradition iconographique dont il s'inspire, le peintre n'offre dans cette oeuvre aucune espèce de dénouement heureux: il souligne au contraire "l'horreur absolue de ce temps de peste d'incendie de famine de batailles" (PA: 71). Sallenave note d'autre part que dans cette fresque le cours du temps semble suspendu. Les deux protagonistes semblent figés dans l'expectative: "ils s'évitent du regard et se détournent du ciel" (PA: 71). Cette suspension du temps, cette *éternité* conquise sur la mort – *éternité* que soulignent l'immobilité des personnages et la perfection formelle de l'oeuvre – n'est-elle pas le but suprême de l'art? Pour Sallenave la fresque de Pisanello peut servir de modèle au roman contemporain. D'une part le roman contemporain doit chercher à saisir son époque, à représenter le temps présent qui est le sien. Mais d'autre part le roman contemporain doit s'arracher à la temporalité ordinaire: il doit s'émanciper de la plate contrefaçon du réalisme. La fresque de Pisanello permet à Sallenave d'associer l'espace pictural à l'espace architectural dans l'espace fictif du livre: elle lui permet aussi d'associer ses réflexions sur la ruine à ses réflexions sur la représentation.[11]

Pour conclure, il est clair que *Paysage de ruines* est un exercice de style brillant. Ce texte porte l'empreinte du Nouveau Roman par sa déconstruction des règles de la narration, par ses jeux de spécularité et de mise en abyme, par sa réflexion sur les pouvoirs et sur les limites de l'écriture. Cependant, malgré tout ce brio, le résultat est assez inégal. Sallenave cherche encore sa *voix* dans ce roman. L'auteur montre bien certaines apories de la temporalité, mais de façon purement spéculative.

---
[11]Notons ici que la fresque de Pisanello réapparaît dans une des nouvelles d'*Un printemps froid*, "La séparation", page 70.

Elle ne parvient pas encore à incarner ces apories à travers un narrateur cohérent ou des personnages crédibles qui puissent faire vivre ces situations au lecteur.

2. *cris et chuchotements*

Le Voyage d'Amsterdam ou les règles de la conversation est le second roman de Danièle Sallenave. Il évoque la liaison d'un homme et d'une femme à Paris vers la fin des années 60. Le livre présente deux typographies différentes. Le texte en italiques décrit la narratrice seule dans sa chambre, en proie à l'insomnie: "*elle ne dort pas, elle écoute, elle imagine, elle rêve, elle se souvient*" (VA: 7). Nuit après nuit, plongée dans l'obscurité, la narratrice s'enfonce, tel Orphée, dans le dédale souterrain de la mémoire pour "*une sorte de voyage interne dans le temps*" (VA: 152). Comme l'héroïne d'*Hiroshima mon amour*, la narratrice du *Voyage d'Amsterdam* cherche à mettre de l'ordre dans ses souvenirs, à les fixer dans un récit pour les préserver de l'oubli. Mais elle redoute, ce faisant, de les modifier et de les trahir. Elle observe par exemple que de petites hésitations la séparent déjà du passé proche: "*déjà de petits oublis, des confusions,... des failles*" (VA: 151). Comme les personnages d'*Hiroshima mon amour*, les deux protagonistes du *Voyage d'Amsterdam* sont réduits à l'essentiel: ce sont deux corps anonymes, deux voix, deux silhouettes à peine distinctes. Cette abstraction est renforcée par l'emploi du pronom "ils" – au lieu du pronom "nous" – pour les désigner. Tout se passe en effet comme si la narratrice essayait de se mettre à distance de son passé, de trouver un point de vue plus neutre et plus impersonnel pour décrire son ancienne passion.

Le texte en typographie régulière décrit non les péripéties mais les contours de cette passion. On peut diviser ce texte, grosso modo, en deux parties principales. La première partie (pages 5-84) décrit d'abord les jeux sexuels des deux amants. Sallenave veut mettre en scène le désir et le plaisir du couple, "la violence de la fonte amoureuse et de son charroi" (VA: 78). Elle utilise pour ce faire de courtes scènes fragmentaires qui décrivent tel geste, qui isolent telle attitude, qui magnifient tel détail du corps, comme sur un cliché photographique. Il s'agit pour l'écrivain de montrer avec franchise les figures de l'amour physique, de produire une sorte de catalogue de ses caresses, de dire "l'apothéose de leurs corps mortels" (VA: 81). Sallenave laisse donc de côté toutes les figures du "discours amoureux" analysées par Roland Barthes la même année dans *Fragments d'un discours amoureux*. Elle évacue aussi la question de la "jouissance féminine" sur laquelle s'interrogent à la même époque Luce Irigaray dans *Speculum*, Hélène Cixous et Catherine Clément dans *La Jeune Née*. Plutôt que de marquer la "différence sexuelle", Sallenave veut montrer ici que l'amour physique marque l'accès à une autre forme de temporalité. Le battement du sang dans les veines, le rythme du souffle dans la gorge, le mouvement des corps dans l'étreinte scandent un temps nouveau qui progresse inexorablement vers une fin prévisible et bonne. Par ses ruptures et par ses répétitions, par son rythme et par ses syncopes, le texte suggère puissamment cette temporalité nouvelle où les amants, nus et joints, forment maintenant "une seule matière douce pour toujours échappée à la mort" (VA: 82). Sallenave décrit ensuite le repos qui suit les ébats amoureux. Les deux amants sont maintenant couchés côte-à-côte dans la pénombre: "immobiles, l'homme, la femme, dans la profonde patience du temps" (VA: 69). Aux fragments saccadés succèdent maintenant de longues séquences descriptives. Aux cris succèdent les chuchotements. L'écrivain décrit les voix mêlées des deux amants, le murmure sensuel de leur "parole diffuse" (VA: 166) où les voyelles féminines bruissent avec "un frémissement humide, soyeux, musqué" (VA: 45) et où les consonnes masculines retentissent avec un "claquement ténu de la langue" (VA: 45). Cependant le texte ne fournit à aucun moment la substance de leurs propos. Dans ce nouveau dispositif narratif, il est évidemment impossible de distinguer avec netteté qui parle. D'une part le *mixage* des deux voix exprime le bonheur fusionnel des deux amants: la voix masculine et la voix féminine se mêlent si intimement qu'il est impossible de les distinguer. D'autre part le *mixage* des deux voix suggère l'association de l'inconscient au conscient: le texte progresse par association d'images et la scène baigne dans une atmosphère fantasmatique. Bientôt les deux amants cessent de parler: ils entrent dans un profond silence. Leurs corps semblent alors flotter "dans un vide, noir, sans contours, sans limites" (VA: 48). L'obscurité de la chambre a cessé d'être pour eux un abri de la clarté du jour: c'est un autre monde où règne "le noir essentiel, primordial, interstellaire" (VA: 48). Tout se passe comme si les deux personnages avaient glissé hors de l'espace et du temps, hors du champ de la parole et du champ de la conscience. Ils sont maintenant transformés, comme l'a bien vu Deirdre Dawson, en amants archétypiques, "semblables aux éternels jeunes mariés des tableaux de Chagall" (238).

La seconde partie du *Voyage d'Amsterdam* (pages 85-148) apporte une rupture très nette dans le récit. L'auteur décrit maintenant les déambulations des deux amants dans les rues de Paris. A l'espace intime de la chambre succède donc l'espace public de la ville. Mais comme dans *Paysage de ruines*, le décor de *Voyage d'Amsterdam* n'est pas réaliste. Il s'agit d'un décor de carton-pâte qui permet à l'auteur de poursuivre sa réflexion sur l'histoire et sur les apories de la temporalité. Les deux amants visitent d'abord la place des Victoires, la place Vendôme, la place des Vosges: lieux aristocratiques, espaces de l'ancien régime. Puis ils visitent la place de la Bastille, la place de la République, la place de la Concorde: lieux révolutionnaires, espaces animés par le souffle de l'insurrection. Sallenave souligne ici que la Révolution est le geste exemplaire mais ambigu de la modernité. La Révolution n'exprime-t-elle pas la foi des hommes dans l'avenir, leur confiance dans la raison, leur volonté de changer? Mais en même temps la Révolution ne cherche-t-elle pas à fuir le passé, à oublier l'histoire, à l'effacer? Cette réflexion sur l'ambiguïté de la Révolution est d'autant plus saisissante que l'aventure des deux amants se situe durant les turbulences de Mai 68. "A cette époque-là beaucoup de choses changèrent," souligne l'auteur: "il y eut des grèves et des élections, des usines occupées, des bandes armées dans le métro, des réfugiés politiques qui parlaient" (VA: 32). Cependant les deux amants ne participent que très mollement à ces événements. Par delà l'affrontement politique du gaullisme et du gauchisme, il leur semble assister à "un crépuscule colossal qui n'en finit pas de tomber" (VA: 125). Ils observent avec inquiétude l'apparition d'un peuple neuf, joyeux, sans mémoire, avide de jouir et de consommer, et qui se soucie peu d'une histoire qui n'est déjà plus la sienne. Que deviendront le peuple-nation du gaullisme et le peuple-prolétariat du gauchisme dans la société d'abondance où seul compte l'individu?

Il existe donc dans *Le Voyage d'Amsterdam* un parti-pris d'inactualité, un certain repli sur la sphère privée, une méfiance à l'égard des événements contemporains qui peut surprendre. Certes le souci du passé ne saurait faire oublier aux deux amants les soubresauts du présent: ils ne sauraient ignorer "les villes fauves où s'accomplissent nos temps"

(VA: 114) et "les grands miroirs que leurs tours tendent au ciel" (VA: 114). Cependant Sallenave oppose dans ces pages deux visions de l'histoire. D'une part l'histoire de l'humanité apparaît sous le signe de la guerre, comme une longue succession de victoires et de défaites, de conquêtes et de retraites, de fondations et de révolutions. Le processus historique est vu ici comme une marche solennelle au cours de laquelle l'humanité progresse d'un pas pesant vers de nouvelles villes et de nouvelles architectures. Mais cette vision de l'histoire, souligne l'écrivain, correspond à une conception masculine du temps. Cette conception de l'histoire repose sur un temps orienté vers une fin, sur un projet incarné par un peuple élu ou par un chef providentiel: c'est "la grande fête de la mort" (VA: 124). A cette conception masculine de l'histoire, à ce *"triomphallisme"* pourrait-on dire, le texte oppose la vision féminine de l'histoire qui repose sur le mouvement cyclique. "Il faut écouter en nous ce que dit la voix des femmes", souligne l'auteur, car les femmes sont comme "une terre ancienne où passent encore les routes le long des tracés immémoriaux" (VA: 134), comme une terre riche "qui a vu tant de vignes mûrir sur ses coteaux" (VA: 133), comme une terre fertile "que soudain parcourt une eau nouvelle" (VA: 134), comme une terre féconde "à chaque saison oublieuse de ses morts et tout entière tournée vers le dehors verdoyant" (VA: 134). Ces images poétiques suggèrent que les femmes possèdent une expérience particulière du temps. Comme Julia Kristeva, Danièle Sallenave estime que les rythmes naturels du corps et l'expérience de la gestation ancrent les femmes différemment des hommes dans le temps.[12] Le temps féminin diffère profondément du temps téléologique et obsessionnel des hommes: c'est un temps cyclique et cosmique, toujours récurrent et renaissant, comme celui de la mer "remplie de coquilles compliquées et de restes fossilisés" (VA: 131), ou encore comme celui de la lune "partageant avec nous son inépuisable connivence" (VA: 134).

Le Voyage d'Amsterdam oppose par conséquent de façon un peu caricaturale le temps masculin linéaire, brutal et destructeur, qui correspond au temps moderne, et le temps féminin "maternel" (VA: 117), lent et sûr, patient et fécond, qui correspond au temps immémorial de l'éternel retour. Dans cette perspective, la conscience historique est

---

[12]L'essai de Kristeva, "Sans temps", a été publié en 1974 dans *Des Chinoises*. Cet essai a été remanié en 1979 et doté d'un titre nouveau, "Le Temps des femmes".

évidemment masculine: c'est une conscience abstraite du temps, basée sur la consécution logique et chronologique, hantée par la fin et par la mort. A quoi s'oppose en tous points le temps féminin, qui est le temps du corps et de l'inconscient, le temps de la naissance et de la métamorphose. Ceci dit, Sallenave se garde de tout essentialisme. A aucun moment elle ne confond les hommes et les femmes de chair et d'os avec les concepts de masculin et de féminin. Au contraire, comme nous l'avons vu, le *mixage* des deux voix des personnages subvertit la polarité convenue qui emprisonne les deux sexes. De plus il est clair que cette opposition entre le temps féminin et le temps masculin ne fait que reproduire l'opposition entre le temps existentiel et le temps historique que nous avons déjà relevée dans *Paysage de ruines*. Marcel Gauchet a montré comment les années soixante-dix ont provoqué l'effondrement du système politico-intellectuel marxiste français. Avec la disparition du projet révolutionnaire, c'est le cadre fixe de la représentation de l'histoire qui disparaît brusquement. Le passé est rendu à sa liberté: toute l'attitude des intellectuels vis-à-vis de l'historicité et de la temporalité est remise en question.[13]

La conclusion du *Voyage d'Amsterdam* est assez surprenante: nous apprenons que l'homme est parti pour s'établir dans une autre ville. Sallenave évoque en quelques pages le choc de cette séparation et l'effondrement de la narratrice. Tourmentée par l'insomnie, celle-ci file chaque nuit des "mailles d'heures incertaines" (VA: 165). Telle Eurydice abandonnée aux enfers, elle vit plongée dans l'obscurité, dans une "suspension du temps indéfinie" (VA: 165). Sallenave montre ici que, dans le processus de la dépression, le corps est déjeté et censuré, tandis que l'esprit est secrètement occupé par un "rassemblement austère et doux des images de toute une vie" (VA: 165). Parvenue par la souffrance au plus haut point d'elle-même, la jeune femme voit apparaître le visage noir de la vieillesse et de la mort qui la guette. Il lui semble que cette autre moitié d'elle-même qui l'attend dans le temps vient s'asseoir en face d'elle dans la pénombre de l'appartement. Que signifie cette étrange vision, ce dédoublement de personnalité? D'une part Sallenave montre que la rupture amoureuse peut se transformer en un deuil morbide, accompagné d'un sentiment aigu de déchéance de soi. Le retrait des projections

---

[13] Sur ce point, voir l'analyse de Marcel Gauchet: "Totalitarisme, libéralisme et individualisme": 513-21.

narcissiques qui entouraient l'être aimé rend le moi vulnérable car celui-ci se trouve subitement confronté à son ombre jusqu'ici refoulée. Mais d'autre part Sallenave montre que cette ombre peut être saisie, travaillée et assimilée par la conscience. Elle souligne en particulier comment le travail de l'écriture permet une mise à distance du narcissisme dans l'imaginaire. A la jointure imprécise du signifiant et du signifié, du psychique et du somatique, l'écriture déplace les données du deuil dans la symbolique du langage: elle produit ainsi une sorte de distanciation et de délivrance. L'ascèse de l'écriture conduit la narratrice de la dépression à la guérison: elle lui permet de faire face à la vie et d'y mieux définir son identité.[14]

Comme *Paysage de ruines*, *Le Voyage d'Amsterdam* est un exercice de style. Sallenave tente de créer dans ce livre une voix narrative originale et authentique, mais le résultat obtenu est assez inégal. Il existe en effet plusieurs contradictions dans ce roman: contradiction entre la vie passionnée et la vie ordinaire; contradiction entre le parti pris esthétique et le point de vue politique; contradiction entre l'eschatologie marxiste et le temps cyclique féminin. Nous allons voir dans les chapitres qui viennent comment, en rompant avec l'esthétique du Nouveau Roman, Sallenave va du même coup résoudre ces contradictions. La question de l'esthétique et de l'engagement, c'est-à-dire la question de la subjectivité et de l'histoire, se trouve posée et articulée dans *Les Portes de Gubbio*. De même la question de la passion et la question du féminisme seront reprises et traitées de façon magistrale dans *La Vie fantôme*.

---

[14]L'expérience des nuits d'insomnies, la métamorphose de la dépression en création et l'approfondissement de la personnalité par l'écriture sont des thèmes récurrents dans l'oeuvre de Sallenave. Ces thèmes occupent une place très importante dans *Les Portes de Gubbio* et dans *Les Trois Minutes du diable*. Nous y reviendrons dans le chapitre 2 et dans le chapitre 6.

Chapitre 2

A l'écoute de la musique

Les Portes de Gubbio est le troisième roman de Danièle Sallenave. Publié en 1980, il obtient le prix Renaudot la même année et fait connaître son auteur au grand public. *Les Portes de Gubbio* marque une étape importante dans la carrière de l'écrivain car ce roman rompt nettement avec les tentatives précédentes en adoptant une forme réaliste avec une intrigue, un narrateur et des personnages bien définis. Cette rupture est-elle l'expression d'un repentir? S'agit-il d'une régression de l'écriture, d'un retour à la convention? "Sûrement pas," affirme l'auteur dans un entretien avec Monique Nemer:

> Je trouve assez accablants tous ces propos sur le *retour au roman* comme retour à la vie de chair et de sang. Il est vrai que les notions de vraisemblance, de suspense, le choix d'une fiction qui ne fait pas de l'écriture son sujet premier, heurtent de front certaines pratiques du Nouveau Roman... (Mais) réintroduire le personnage n'est pas nécessairement en revenir à Balzac! ... Mon désaccord avec certaines thèses du Nouveau Roman ... porte sur le rejet de l'intrigue et du vraisemblable comme loi de composition romanesque, sur la volonté de manifester avant tout le récit comme un objet fabriqué, autonome. Il y a quand même un niveau où l'écriture cesse d'être intransitive, close sur elle-même... Il faut que quelque chose passe – et se passe. (MPR: 16)

L'action des *Portes de Gubbio* se déroule dans un pays d'Europe de l'Est, à la veille du printemps de Prague, dans un climat lourd d'oppression et de censure politique[1]. Le personnage principal, S., dont le nom demeure inconnu, est un compositeur de musique à qui le gouvernement commande d'écrire des hymnes patriotiques, inspirés du folklore national. "Qu'est-ce qu'on vous demande? De petits arrangements sur des thèmes gais, faciles, comme on en chantait autrefois"

---

[1]Danièle Sallenave déclare dans l'entretien qu'elle nous a accordé: *"Les Portes de Gubbio* a été publié à la suite d'un court séjour que j'avais fait à Berlin en 77, au cours duquel j'avais justement expérimenté ce choc des deux mondes séparés par un mur" (EDS: 348).

(PG: 84). Mais S. se récuse. A travers son journal intime, nous voyons se préciser les motifs de son refus et sa conception personnelle de la musique. *Les Portes de Gubbio* contient par conséquent un essai sur l'essence de la musique. Danièle Sallenave précise cependant que cet essai n'apparaît pas comme une dissertation surajoutée à l'intrigue. Cet essai apparaît *en filigrane* dans le texte, c'est-à-dire qu'il fait partie de l'intrigue dont il épouse la structure et dont il renforce la signification. "Au fond, c'est peut-être là que je me sépare de la modernité," explique l'auteur. "L'essai intégré appartient à ce que j'appelle la dimension éthique du roman" (ELL: 12).

Dans *Les Portes de Gubbio* Sallenave discute l'opposition que l'on établit d'ordinaire entre l'engagement et l'art pour l'art. Elle montre que l'engagement, qui doit reposer sur le choix et sur la liberté, peut être transformé en propagande d'État, comme c'était alors le cas pour de nombreux artistes dans les pays de l'Est. Sallenave rejette ici les thèses du réalisme socialiste: l'art ne saurait se réduire pour elle à l'exaltation d'idéaux collectifs. Mais Sallenave polémique aussi avec les artistes de l'Ouest qui, au cours des années 60 et 70, pratiquèrent un art formaliste à l'extrême, dépourvu de tout message transitif et de tout contenu social. L'art pour l'art est un contresens car l'art possède une dimension éthique: il est porteur "d'une exigence de réindividuation" (12) et il implique un certain engagement dans la société. Cette exigence de réindividuation et cet engagement définissent très exactement, nous allons le voir, l'éthique des *Portes de Gubbio*.

Quatre fils conducteurs, ou motifs principaux, s'entrelacent dans *Les Portes de Gubbio*. En premier lieu le roman décrit la surveillance policière qu'exerce le régime communiste sur les citoyens. Ce climat oppressant, entretenu par une bureaucratie omniprésente, fait songer par endroits à l'univers de Kafka. S., comme K., est aux prises avec une administration tatillonne et dont les règlements sont opaques. Dans une société totalitaire, nul ne peut échapper aux tracasseries de la loi administrative. C'est ainsi que le congé que le narrateur obtient du ministère, présenté au départ comme une faveur accordée pour qu'il poursuive ses recherches musicales, se transforme bientôt en une obligation de collaborer avec le régime. L'administration exige en effet que le narrateur produise de la musique subliminale pour améliorer la productivité des travailleurs dans les usines: "La musique adoucit les moeurs... Ils y ont déjà pensé en Amérique. Ils ont étudié tout cela. C'est encore au stade expérimental, mais les résultats sont étonnants" (PG: 85). Dans la conclusion du roman, S. apprend que son congé est reporté *sine die*. Parce qu'il refuse de collaborer avec le régime, il a perdu son poste au conservatoire de musique.[2]

En second lieu le journal décrit la vie privée de S. et sa liaison avec Anne, une étudiante du conservatoire. S. s'apprête à franchir le cap de la quarantaine: d'où toute une réflexion sur la jeunesse et sur l'âge mûr, sur l'amour-passion et sur l'amour-tendresse, sur la vie de célibataire et sur la vie de couple, sur la création et la procréation. Il semble à S. que chaque homme mène plusieurs vies simultanées. La première est purement animale et individuelle: il s'agit de la vie du corps, de la croissance et du vieillissement biologique. C'est un développement irréversible et sans recours, et "il est parfois doux d'y songer en échangeant un regard de connivence avec un vieil animal abandonné dont la chair souffre avec la nôtre" (PG: 225). La seconde est la traduction de cette vie animale à l'échelle des générations: nous naissons, nous grandissons, nous nous marions, nous avons à notre tour des enfants, ceux-ci grandissent, et nous mourons. Cette façon d'envisager l'existence promet à l'individu une sorte de survie à travers la succession des générations. "Assurément il y a dans la poursuite obstinée de ce cycle une grande puissance de consolation" (PG: 225). Pourtant S. ressent un certain accablement lorsqu'il envisage ainsi l'existence. Il est frappé par "l'insignifiance du cycle vital" (PG: 224) tant que celui-ci ne s'est pas haussé à quelque "grand principe d'individualisation" (PG: 224). Pour atteindre son plein accomplissement l'individu doit en effet puiser en lui-même – non dans la lignée – les valeurs qui le font vivre. L'homme ou la femme doit se définir et non simplement se reproduire. C'est pourquoi S. cherche à exprimer par la musique "ce quelque chose en lui qui tremble de ne pouvoir s'accorder au temps" (PG: 157).

Notons ici que pour S., comme pour Roquentin dans *La Nausée*, la musique est un art du temps. Toute mélodie construit par la succession de ses notes un temps ordonné, tendu vers une fin. Toute mélodie évoque

---

[2] Les déboires du narrateur reflètent évidemment le triste sort réservé aux intellectuels dissidents dans les pays de l'Est: musiciens interdits de scène, historiens interdits d'enseignement, mathématiciens devenus chauffeurs de taxi, etc.

donc irrésistiblement l'existence vouée à la disparition. Toute mélodie est pour le compositeur "un entretien infini avec sa propre mort" (PG: 157). Cependant la musique est aussi un temps réglé et maîtrisé qui s'oppose au temps contingent et mou de l'existence ordinaire. La musique est un temps qui unit le temps cyclique au temps linéaire: qui en opère la fusion magique. Si le temps musical n'est "rien d'autre qu'une soumission absolue à l'ordre impitoyable du temps" (PG: 37), il ménage en revanche des retours, des reprises, des échos et des rythmes récurrents. "A ma propre durée, irréversible, coulante, mortelle, (la musique) substitue la sienne, qui est répétable et réversible à merci" (PG: 282). Pendant la durée de l'écoute musicale, le temps existentiel est donc métamorphosé en un temps nouveau qui échappe à l'écoulement aveugle des minutes et des secondes. Il se produit ainsi chez l'auditeur une expérience d'ordre cathartique. Les angoisses de la vie ordinaire – les angoisses de la vie vouée à la mort – s'évanouissent. "Un ordre naît qui ne durera pas, et dont pour cette raison on accepte avec joie l'emprise" (PG: 282).

    S. considère que la musique permet une échappée hors des conditionnements du temps. La musique donne accès à un état où l'existence apparaît "comme une sphère..., comme une architecture soustraite et non plus soumise au temps" (PG: 275). Évidemment, ce mouvement par lequel la musique arrache l'auditeur aux vicissitudes du temps ordinaire pour le plonger dans la sphère d'un temps réconcilié définit, pour une part, le plaisir qu'on éprouve à l'écouter. Mais ce mouvement est trouble car il vise à évacuer fantasmatiquement la mort, le corps et même le féminin. En renonçant à tout projet de mariage pour se consacrer à la création musicale, S. poursuit une forme supérieure d'union et de fusion sur laquelle nous nous interrogerons plus loin.

    Le troisième fil conducteur du roman décrit l'amitié qui unit le narrateur à F., un archéologue de renom. D'une part F. enseigne au narrateur une vision de l'histoire et des sociétés humaines qui contredit radicalement le schéma marxiste de la propagande officielle[3]. D'autre part

---

[3]Plusieurs passages dans le roman montrent comment l'Histoire est manipulée par la propagande du parti. Un épisode décrit par exemple le mausolée où repose le père fondateur de la nation. Ce mausolée est une ancienne église jésuite qui a été "rénovée" pour célébrer le culte de la personnalité: "Comment dire ce que nous avons vu? ... Au plafond, un immense visage nous regardait de ses yeux énormes... C'était lui, notre Fondateur, planant au-dessus de la foule comme, dans les églises byzantines, la figure souveraine du Pantocrator" (PG: 281). On voit bien ici comment l'héritage national est

les propos de F. sur les ruines et sur l'architecture (art matériel et spatial) forment un contrepoint constant aux réflexions du narrateur sur la musique (art abstrait et temporel). L'un des temps forts du roman intervient lorsque nous apprenons qu'F. est atteint d'une maladie incurable et qu'il va bientôt mourir. Le vieil homme apparaît alors aux yeux d'S. comme l'exemple même du sage stoïque et athée, en paix avec lui-même au moment du trépas.

> F. me parle, et je l'écoute ... Je m'arrête près de (lui) comme le jeune homme des vieux contes afin de recevoir de (sa) bouche l'héritage. Il faut être patient avec les vieillards comme avec les enfants qui apprennent à parler: car c'est une langue nouvelle pour eux que celle-là, qui leur est dictée dans l'imminence de la mort. (PG: 203)

Le dernier fil conducteur du journal – et le plus important – correspond aux patientes recherches du narrateur concernant la vie et l'oeuvre d'Egon Kaerner, un compositeur mort quelques années auparavant, en 1937, à la suite d'une purge officielle. Notons qu'il existe certaines analogies entre la destinée de Kaerner et la situation du narrateur. En 1931, peu avant sa disgrâce politique, Kaerner s'était vu reprocher par le régime son penchant pour l'abstraction et le formalisme: le parti voulait qu'il produise une musique simple, robuste, nationale et populaire, directement inspirée du terroir. Mais Kaerner avait refusé, arguant que l'art poursuit sa propre fin qui est une ascèse.[4] Durant les dernières années de son existence, Kaerner avait donc été mis à l'index, isolé, calomnié,

---

à la fois récupéré et défiguré par le régime. Plus qu'une censure du passé, il s'agit d'une caricature du passé.

[4]La résistance de Kaerner s'affirme tout au long du roman. Le compositeur déclare à propos de la musique populaire:"Non je n'ai pas exploité *le vieux fond*: et j'en suis fier. Qu'est-ce que la musique populaire? S'agit-il d'une musique collective, issue de la masse...? Ces mots n'ont pas de sens pour moi: je ne peux saisir que ce qui d'un homme va à un autre homme en le distinguant de tous les autres" (PG: 135). Et il ajoute à propos de la musique patriotique: "Gardons-nous plus que tout de l'émotion *collective*, de celle qui naît des cors, des cuivres, des percussions, de l'effet sur nos nerfs des "haut-parleurs"... La musique...ne provoquera jamais ces grands rassemblements qu'on souhaite. Elle travaille contre les stades, les commémorations, défilés, à creuser l'écart, la différence et la séparation. Elle provoque la scission et la dissension: elle est celle qui divise, non celle qui unit" (PG: 157).

avant de sombrer dans la folie. "L'art en soi est une invention des critiques et des professeurs, qui en ont le culte. Mais pour le véritable artiste, l'art n'est pas une fin, il est un chemin... L'art est un chemin d'ascèse, que l'on n'emprunte que dans l'espoir de parvenir *de l'autre côté*" (PG: 211). De l'autre côté de quoi? Nous allons tenter de répondre à cette question dans les pages qui suivent.

1. *la musique et l'ineffable*

Au départ, S. sollicite un congé auprès de son ministère pour se livrer à des recherches de composition musicale. Mais il est rapidement entraîné sur un tout autre terrain. Au lieu d'écrire de nouvelles partitions, S. multiplie les démarches pour recueillir des témoignages concernant les dernières années de la vie de Kaerner. S. se sent attiré et comme *inspiré* par Kaerner car il trouve dans son oeuvre une ascèse rigoureuse et exemplaire, sans fraude et sans concession à l'égard du régime. Kaerner possède une vision très particulière de la musique. Pour lui, la musique est "la preuve de l'existence de l'âme... mais cette âme est matérielle, accrochée à nos fibres, cousue à notre être par le fin réseau tendu des nerfs" (PG: 155). Pour bien comprendre cette formule, il faut se reporter aux analyses de Claude Lévi-Strauss dans la préface de *Mythologiques*. Dans ce texte, l'ethnologue montre d'abord que le corps est le terrain privilégié de la musique car la musique résonne dans les organes. La musique inscrit sa durée non seulement dans le temps psychologique mais aussi dans le temps physiologique de l'auditeur: dans son "temps viscéral" (24). Plus que tout autre art, la musique affecte donc directement l'organisme. Elle exerce même sa puissance sur le rythme cardiaque et sur le rythme respiratoire. C'est pourquoi Kaerner affirme:

> Notre corps est un instrument creux et résonnant... La musique agit sur nous dans la région du diaphragme, elle accélère ou ralentit la respiration et les battements du coeur. N'est-ce pas dans cette région que les Grecs plaçaient l'âme, ces grands musiciens? (PG: 155-56)

Lévi-Strauss montre ensuite que la musique est "une machine à supprimer le temps" (24). La musique opère sur le temps physiologique et sur le psychologique de l'auditeur; mais elle transforme par sa structure formelle ce temps diachronique et irréversible en une "totalité synchronique et close sur elle-même" (24). Le morceau musical possède donc le pouvoir de suspendre ou d'immobiliser le temps qui passe: "... en écoutant la musique et pendant que nous l'écoutons, nous accédons à une sorte d'immortalité" (24). On retrouve la même idée dans *Les Portes de Gubbio*. Kaerner note que dans les plus hauts moments de l'écoute musicale, l'auditeur peut faire l'expérience "d'une plage de temps pur" (PG: 60). Mais quelle est la nature exacte de cette extase que la musique produit en nous? Milan Kundera fait observer dans *Les Testaments trahis* que l'extase musicale ne projette pas l'auditeur hors du moment présent. En réalité c'est exactement le contraire qui se produit. "L'extase est identification absolue à l'instant présent, oubli total du passé et de l'avenir" (106). C'est pourquoi il est possible de comparer ce présent absolu à l'éternité qui, elle aussi, est négation du temps. Les instants éternels que nous fait vivre la musique forment ainsi pour Kaerner la seule immortalité à laquelle nous puissions aspirer.

A un premier niveau *Les Portes de Gubbio* montre donc que l'expérience musicale met en jeu plusieurs temps distincts: le temps viscéral du corps, le temps existentiel de la conscience, et le temps éternel de l'âme qui correspond à la fusion des deux précédents. La musique est "le cri du corps soulevé par l'âme et provisoirement arraché par elle à la mort" (PG: 72). Mais à un second niveau *Les Portes de Gubbio* établit une distinction importante entre composition musicale et écoute musicale. S. observe qu'il n'obtient jamais de la composition musicale ce que l'écoute musicale lui donne fréquemment, à savoir le sentiment d'une durée soustraite à l'approbation et à la haine, au désir et au regret, bref "la fin de l'existence séparée" (PG: 60). Lorsqu'il compose de la musique, S. construit une oeuvre dont les figures éclatantes se forment pour d'autres, non pour lui. La musique est pour celui qui la crée "une algèbre" (PG: 60) et non une émotion. En revanche lorsqu'S. écoute de la musique, il ressent tous les passages de l'attente, du regret, de la souffrance, de la paix et de la joie. Cependant il constate que la musique n'apaise que des souffrances imaginaires et non des souffrances vécues. "La musique ne peut soulager que la douleur qu'elle-même a fait fictivement naître".[5]

---

[5]PG: 72. Sallenave note ailleurs que la musique coule *impitoyablement* car c'est de "cette impassibilité que nous avons besoin, non sa pitié, afin que nos angoisses, nos

(à suivre...)

Les Portes de Gubbio établit par conséquent une distinction très nette entre la musique comme expression (la composition) et la musique comme impression (l'écoute). L'impression musicale correspond à la réaction spontanée de l'auditeur: à l'ensemble d'émotions et surtout de sensations que la musique vient déclencher en lui. Mais l'expression musicale est d'une autre nature. Il s'agit d'un effort concerté de l'intelligence et du savoir-faire de l'artiste pour produire un certain effet sur l'auditeur. Certes, l'impression produite correspond idéalement à l'effet recherché. Mais, d'une part, Sallenave note que cet effet n'est pas défini de but en blanc: il se transforme sans cesse au cours du processus créateur. Le compositeur voit son projet se préciser, se développer et se modifier à mesure qu'il progresse. D'autre part Sallenave souligne que pour devenir communicable, la douleur privée du compositeur doit se transformer en une douleur plus abstraite, une douleur plus générale. Quelle est cette douleur? "Celle qu'éprouve l'âme à devoir quitter le corps, celle qu'éprouve le corps à devoir être disjoint d'elle. Car il n'y a pas une note, pas un mot, pas un trait de pinceau ou de plume qui ne soient donnés sous le regard de la mort" (PG: 72).

A un troisième niveau *Les Portes de Gubbio* affirme donc que la musique est l'expression d'une *passion*, au sens fort de ce terme. La musique fait entendre le déchirement du corps et de l'âme: elle fait résonner en nous l'instant du trépas. Mais en même temps la musique exprime le désir d'échapper pour toujours à ce déchirement. La musique témoigne qu'il existe en l'homme "quelque chose qui refuse de mourir et qui donc ne meurt pas" (PG: 76). Pour S., cette passion s'exprime en particulier dans les grands quatuors métaphysiques où les gémissements ineffables du piano, des bois et des cordes font entendre le tourment de l'âme qui cherche à fuir la matière, et "sa demande pressante d'union" (PG: 77). Cependant Sallenave est bien consciente des différents écueils qui menacent cette définition passionnelle de la musique. D'une part il y a l'écueil de la sentimentalité. Sallenave sait que la musique est un art impur. C'est pourquoi elle souligne l'ambiguïté de la douleur musicale. "On ne sait ce que la musique désire, ni ce qu'elle déplore. Il y a dans l'homme un sombre penchant à la défaite, un sourd désir d'être vaincu, et

---

[5](...suite)
terreurs, nos remords, nous deviennent à nous-mêmes indifférents" (PG: 49).

une innommable satisfaction à l'être" (PG: 72). D'autre part Sallenave sait bien qu'il existe une autre conception de la musique: une musique dont l'expression est libre, enjouée, sans douleur et, apparemment, sans but. Cette conception apollinienne de la musique– une musique attentive aux seules règles qu'elle s'est données–est celle de Stravinsky par exemple[6]. Enfin Sallenave est bien consciente des lourdes connotations qui s'attachent à des mots comme corps, âme, matière, union, passion. C'est pourquoi S. déclare:

> Qu'on ne me cherche pas querelle sur ces mots. Dans la musique je sens un duel et il faut bien que j'en nomme les combattants. Je dis *corps* pour ce qui est matériel et résiste, mais aussi pour ce qui est chaud, vivant, rouge, coloré, mortel. Et je dis *âme* pour ce qui anime, et monte, et tire. Et ne meurt pas. Mais ce sont des images sans doute... Je sais seulement qu'il y a dans certaines musiques l'affrontement de deux natures, unies et dédoublées, et que cet affrontement est sans pitié. (PG: 74)

Ces précautions oratoires montrent le malaise qu'éprouve le narrateur lorsqu'il tente de cerner l'impression que produit l'écoute musicale. En effet, la musique parle d'un lieu où les concepts traditionnels "d'âme" et de "corps" n'ont plus cours. Nous avons vu avec Kaerner que la musique affecte le "corps viscéral". Nous avons vu aussi qu'elle donne naissance à une "âme matérielle". Mais que faut-il entendre au juste par ces expressions? Jean-Louis Pautrot a montré dans son étude magistrale, *La Musique oubliée*, que le "corps viscéral" – ce lieu résonateur et non raisonneur de la musique – n'est autre que le corps inconscient. La musique lancinante qui apparaît dans de nombreux romans contemporains – notamment chez Proust, chez Sartre et chez Duras – ne plonge-t-elle pas

---

[6]Stravinski propose dans *Poétique musicale* une hypothèse intéressante concernant le temps musical: "Chacun sait que le temps s'écoule de façon variable ... selon les événements qui viennent affecter sa conscience. L'attente, l'ennui, l'angoisse, le plaisir et la douleur apparaissent ainsi comme des catégories différentes ... qui commandent chacune un *tempo* particulier. Ces variations du temps psychologique ne sont perceptibles que par rapport à la sensation primaire, consciente ou non, du temps ontologique... (Il existe donc) deux espèces de musique. L'une évolue parallèlement au processus du temps ontologique, l'épouse et le pénètre, faisant naître dans l'esprit de l'auditeur un sentiment d'euphorie... L'autre devance ou contrarie ce processus. Elle n'adhère pas à l'instant sonore... et s'établit dans l'instable... Toute musique où domine la volonté d'expression appartient à ce second type" (39-40).

dans les profondeurs de la mémoire psychique? N'exprime-t-elle pas l'existence d'un monde ineffable, c'est-à-dire d'un monde non verbal et même pré-verbal? Dans la musique, le référent c'est le corps: mais un corps régressif, pulsionnel et rythmique. Ce corps ignore le langage: il est tout entier tourné vers la source de la vie psychique. C'est pourquoi la musique est souvent associée à un climat maternel. La voix acousmatique de la mère, les rythmes de son grand corps ne forment-ils pas le fondement de toute musique? Ne constituent-ils pas le modèle primitif de toute harmonie?

Nous proposons par conséquent de substituer à la musique comme passion une autre conception de la musique: la musique comme pulsion. Cette substitution permet de mieux comprendre la nature de l'émotion musicale décrite dans *Les Portes de Gubbio*. Lorsque le narrateur affirme que la musique exprime "le sens tragique de l'incarnation" (PG: 78), ne doit-on pas comprendre cette formule dans un sens très littéral? Lorsqu'il entend résonner dans la musique les cris de l'âme "effrayée de son incarnation mortelle" (PG: 79), ne désigne-t-il pas la naissance plutôt que le trépas? La musique douce et douloureuse qui obsède S. exprime deux choses différentes mais qui sont liées: l'expérience de la vie intra-utérine et le traumatisme de la naissance. D'une part la musique reproduit l'hymne du bonheur: c'est-à-dire l'unisson du nourrisson au corps maternel. Mais d'autre part la musique fait entendre le déchirement de la naissance, cette rupture brutale qui structure la psyché et fait naître l'identité. Les cris déchirants qui résonnent dans la musique ne sont pas donc ceux de l'âme qui se détache du corps, comme le pense naïvement S.: ce sont les vagissements de l'enfant qui s'arrache à sa mère; ce sont les balbutiements d'une conscience qui s'arrache à la vie inconsciente. Autrement dit, la musique ne donne accès à aucun *au-delà* mais à un *auparavant*. La musique ne donne accès à aucune *vie supérieure* mais à une *vie antérieure*: une vie hors du temps parce qu'elle précède le temps de l'existence. C'est pourquoi la musique donne à celui qui l'écoute le sentiment de l'éternité.

Guy Rosolato a proposé dans *La Relation d'inconnu* une définition du plaisir musical dans lequel il distingue deux versants. D'une part le "versant nostalgique" (44) qui est aspiration à l'origine, régression vers l'état d'osmose avec la mère, espace nourricier proche de la "chora" kristévienne[7]. Le narrateur des *Portes de Gubbio* se situe clairement dans cet espace lorsqu'il note dans son journal:

> Il y a quelque chose de somnambulique dans les réussites de l'art, à quoi le réveil de la conscience est néfaste. Je rêve de connaître un état de cette sorte, où, débarrassé enfin de moi-même, je composerais une oeuvre unique, sans interruption ni calcul, une oeuvre comme une seule note modulée, éternelle comme le silence. (PG: 60)

Cette citation montre que la composition musicale nécessite une plongée régressive dans l'inconscient. Au cours de cette plongée, le musicien va échapper au moi ordinaire élaboré par la conscience pour réintégrer le corps inconscient, ce *lieu* où "devenu lui-même rythme" (PG: 60), il pourra connaître une osmose symbolique avec le corps de la mère. La composition musicale correspond donc pour S. à un renversement fantasmatique du temps par-delà la naissance: c'est un *regressus ad uterum*.[8]

A ce versant nostalgique de la musique, Guy Rosolato oppose le "versant jubilatoire" (44) qui est joie de l'arrachement et du dépassement, *naissance* qui marque l'affranchissement de cet espace régressif. L'auteur des *Portes de Gubbio* connaît bien ce versant jubilatoire et dionysiaque de la musique. Elle y fait allusion lorsqu'elle définit l'oeuvre authentique comme "la volonté d'émerger, quoi qu'on vaille, non de se fondre" (PG: 118). Mais pour elle les deux versants sont indissociables. En effet, lorsque Sallenave présente l'oeuvre artistique comme "un élan vertical et droit qui vise l'Un, l'Éternité" (PG: 225), elle unit dans une même phrase l'arrachement à la mère (l'élan vertical et droit) et l'attachement à la mère (le retour à l'Un, à l'Éternité). Quatre lignes à peine séparent d'ailleurs cette phrase de l'évocation explicite de la figure maternelle. Sallenave décrit l'artiste authentique comme un être que sa mère a conduit jusqu'à la maturation complète de son corps; "puis elle l'a laissé seul avec lui-même, et il est devenu à lui-même son propre père et sa propre mère; il

---

[7] Julia Kristeva définit la chora comme un "espace rythmé" qui assure "l'ordonnancement des pulsions" *(Révolution du langage poétique*: 23).

[8] S. note dans son langage imagé que l'âme, pour reconquérir "son unité spirituelle", doit s'ôter elle-même "les lambeaux d'une chair qu'elle a portée" (PG: 78).

s'est enfanté lui-même" (PG: 225). On ne saurait mieux exprimer l'ambiguïté du processus créateur. D'une part le processus créateur "enfante" un homme nouveau. Mais d'autre part, pour ce faire, l'artiste doit reproduire fantasmatiquement le travail de gestation et réintégrer régressivement le corps de la mère. "Ces temps-ci, tout me ramène à ma mère" (PG: 226), note Kaerner. Comme on le voit, il n'est pas trop de toute une vie de travail acharné pour revenir à l'origine!

2. *la musique d'une vie*

Dans *Les Portes de Gubbio* la musique est à la fois extase et nostalgie, devenir et souvenir, arrachement et attachement. Cette dualité reflète la relation ambiguë que la musique entretient avec le corps inconscient car elle fonctionne comme sa sublimation, c'est-à-dire comme son dévoilement et son déplacement, son expression et sa répression. Kaerner n'ignore pas la double nature du psychisme humain. Pour lui, toute existence est marquée d'un double sceau, comme une pièce de monnaie. "L'une de ses faces porte des figures mouvantes, lisibles cependant par tous, et qui permettent l'échange: l'autre, l'empreinte d'un feu divin" (PG: 147). Le rayonnement de la musique permet de pénétrer dans cette sphère divine qui se situe "de l'autre côté", non de la mort, mais de la conscience ordinaire. Pendant ses nuits de travail, Kaerner explore cet univers étrange. Les murs de sa chambre se mettent à vibrer autour de lui "comme sous le passage des djinns" (PG: 211). Ce qu'il découvre alors se situe "dans une région sans nom, dont la musique n'était que le pâle reflet" (PG: 211). Cette expression – *région sans nom* – est significative. Elle montre que la musique donne accès à un monde situé au-delà des mots, hors de la pensée discursive, hors de portée du *logos*. Mais le compositeur doit bien vite rebrousser chemin car il sent peser sur lui la menace de la folie. "Ce que j'avais cherché était bien au-delà de l'art, et j'avais dû renoncer à l'atteindre, sous peine de me perdre moi-même" (PG: 211).

S. fait la même expérience que Kaerner: il découvre peu à peu que la musique a partie liée avec l'inconscient. S. observe à plusieurs reprises que la solitude, la nuit et le silence peuvent seuls placer le compositeur dans l'état particulier où il doit entrer pour que la musique s'impose à lui. Tout se passe alors comme si "une paroi d'ordinaire opaque devenait poreuse" (PG: 51) et laissait filtrer une "sourde source d'angoisse à quoi l'oeuvre apportera réponse" (PG: 51). Quelle est cette sourde source d'angoisse qui donne naissance à la musique, si ce n'est l'inconscient? L'angoisse qu'éprouve le musicien n'est pas produite par la proximité de la mort mais par la proximité de la folie. C'est pourquoi la musique apparaît alors "comme une digue qui ne doit pas rompre" (PG: 52).

Cependant, tandis que Kaerner sombre progressivement dans la folie, S. commence à rédiger son journal pour tâcher d'y voir clair. Notons ici que *Les Portes de Gubbio* présente plusieurs traits qui font songer à *La Nausée*. D'une part on trouve dans le roman de Sallenave, comme dans celui de Sartre, une analyse psychologique très poussée de l'écoute musicale. Certes les airs de jazz qui obsèdent Roquentin sont remplacés dans *Les Portes de Gubbio* par les chefs d'oeuvres de la musique classique et romantique.[9] Mais dans les deux cas l'écoute musicale débouche sur une expérience chargée d'affects où l'inconscient joue un rôle prépondérant. D'autre part, tout comme dans *La Nausée*, le passage à l'écriture joue un rôle essentiel dans *Les Portes de Gubbio*. Il s'agit d'une sorte de thérapie par laquelle le héros se préserve de la folie.[10] Tout se passe en effet comme si la tenue régulière de son journal permettait à S. de mettre un peu d'ordre dans ses idées. Tout se passe comme si la pratique quotidienne de l'écriture lui permettait progressivement de mieux cerner le dynamisme propre à la psyché.

> Ce que je n'aurais peut-être jamais saisi par la voie de la composition musicale, vais-je donc le trouver enfin dans ce travail régulier d'écriture? Faut-il croire que l'effort qu'il impose et les découvertes qu'il entraîne vont un jour me faire accéder à ce *rythme* dont la musique m'avait donné l'exemple? (PG: 162)

---

[9]Notons ici que la musique de Kaerner est maintenue dans un certain flou romanesque, où se mêlent l'influence des grands compositeurs germaniques (notamment Schumann) et des compositeurs de l'Est (notamment Chostakovitch). Il est intéressant de noter que Sallenave ne parle jamais de la musique sérielle ou atonale dans son roman. Sans doute estime-t-elle que cette musique est impuissante à exprimer le tourment d'une conscience plongée dans le temps. Les réticences de Sallenave à l'égard de la musique nouvelle recoupent donc sur ce point ses réticences à l'égard du Nouveau Roman.

[10]Roland Barthes note très justement: "Par rapport à l'écrivain, le musicien est toujours fou. L'écrivain, lui, ne peut jamais l'être, car il est condamné au sens" (III: 301).

Pour bien comprendre quel est ce *rythme* dont parle le narrateur, il faut examiner l'évolution de l'écriture dans son journal. Au départ la pratique de l'écriture rend S. plus attentif aux menus détails de la vie quotidienne. Il note chaque incident ou chaque rencontre avec un grand souci d'exactitude. Mais à mesure que son attention aux petits détails se développe, la présence de l'inconscient s'affirme. "La part du quotidien s'estompe: plus forte et mieux exercée, ma mémoire sait maintenant se tourner vers des zones obscures" (PG: 244). S. observe alors qu'il s'opère au fond de lui-même des "glissements dont (il n'est) pas entièrement le maître" (PG: 162) et "des mutations dont (il est) le lieu plus que le sujet" (PG: 162). Des images nouvelles apparaissent, suscitées par des événements récents ou par de simples associations mentales; et ces images flottent devant lui comme des "blocs de glace errant sur une mer dont (il) ignore les contours et la profondeur" (PG: 240). L'écriture du journal devient donc ici flottante et automatique. Souvenirs ou fantasmes, qu'importe! Le narrateur les assemble librement. Sa vie se recompose alors selon une unité qu'il n'avait jamais soupçonnée. Le rythme nouveau qui anime l'écriture, c'est le rythme de l'inconscient.

En rédigeant son journal, en y incorporant toutes les facettes de son expérience, S. découvre donc l'existence sous un jour nouveau. Dans l'écriture, en effet, le vécu et l'imaginaire se mêlent librement. Dans l'écriture, le présent et le passé échangent leurs signes: "Ce qui était vivant est mort: ce qui était mort revit" (PG: 152). Échappant au déroulement insignifiant de la durée, l'écriture permet d'accéder à une nouvelle dimension de la mémoire. S. compare cette mémoire aux maisons de Gubbio.

> Il y a deux portes aux maisons de Gubbio: l'une est large, l'autre étroite, légèrement plus haute que le niveau de la rue; l'une sert de passage aux vivants, l'autre de passage aux morts. Ma mémoire est semblable aux maisons de Gubbio, parfois cependant elle confond les deux portes. (PG: 229)

Notons d'abord ici l'image de la maison associée au thème de la mémoire. Nous avons déjà rencontré cette image dans "La Triste Ortie"; nous la retrouverons dans d'autres textes de l'auteur. Notons ensuite l'image des deux portes. Ces deux portes ne ressemblent-elles pas aux deux facettes de l'existence qu'évoquait Kaerner? Ne désignent-elles pas le conscient et l'inconscient? Les *morts* qui hantent S. font évidemment songer aux *djinns* qui hantaient Kaerner. Ce sont les *fantômes* qui émanent de la vie psychique: les souvenirs, les fantasmes, mais aussi les visions et les archétypes qui peuplent la mémoire humaine. L'image des maisons de Gubbio symbolise par conséquent la structure double de la psyché. Elle figure la polarité du conscient et de l'inconscient à travers l'opposition des vivants et des morts. L'écriture peut faire revenir ces "morts" à la vie: elle peut leur rendre la parole. Le narrateur résume en une formule saisissante ce phénomène et exprime du même coup la conception du récit qui est celle de l'auteur: "*Je* ne suis la source d'aucun récit; *j'*en suis le confluent. *Je* ne prends pas la parole; *je* la donne" (PG: 321).

Dans les dernières pages du journal, la métaphore de l'architecture et la métaphore de l'archéologie viennent se substituer à la métaphore musicale pour exprimer le jeu de l'inconscient. A plusieurs reprises, en effet, le narrateur fait un rêve obsédant. Il s'enfonce seul dans une forêt inconnue où il se heurte bientôt aux ruines de palais cachés sous la végétation. Il observe que ces ruines mystérieuses marquent le territoire d'un "peuple très ancien, aujourd'hui oublié" (PG: 241). Mais quel était ce peuple? Et que lui est-il arrivé? Le narrateur l'ignore tout à fait. Il note simplement à son réveil qu'il existe au fond de lui-même "... une ville morte, et des restes de murs, et quelque chose qui fut vivant mais que je ne sais plus" (PG: 241). Notons d'abord que ce rêve, qui semble sorti tout droit de *Paysage de ruines*, reprend l'opposition des vivants et des morts que nous avons relevée à propos des maisons de Gubbio. La *ville morte*, qui fut *vivante*, souligne cette idée. Notons d'autre part que les ruines des palais sont les vestiges d'un *peuple très ancien*. Ce peuple très ancien représente à coup sûr les archétypes de la psyché.[11] Un peu plus loin, S. rêve qu'il est chargé de restaurer l'un de ces anciens palais. "Des colonnes anciennes y sont prises, comme à Rome, dans les arcades des murs récents" (PG: 243). En examinant ce palais de plus près, le narrateur découvre que ses murs dissimulent "des pièces et des escaliers secrets" (PG: 243). Muni d'instruments pour les fouilles, S. s'y engage sans

---

[11] Carl Jung a souligné à plusieurs reprises que l'apparition de la métaphore de l'archéologie dans les rêves désigne l'émergence des archétypes. Sur ce point, voir notamment *Ma vie: souvenirs, rêves et pensées*: 186-88, 200-01 et 230-31.

hésiter: il "dégage des déblais" (PG: 243) et il "dresse des étais" (PG: 243) pour voir où ces passages conduisent. D'une part cette image du palais à double fond prolonge l'image des maisons de Gubbio à double entrée. Les pièces dérobées du palais représentent l'espace inconscient de la psyché. D'autre part l'image des fouilles désigne le travail de l'écriture. L'écriture permet l'exploration dynamique de l'inconscient: elle permet l'émergence d'une personnalité plus complexe et plus complète. C'est pourquoi, abandonnant toute recherche musicale, le narrateur décide de se consacrer exclusivement à cette expérience: "Je n'ai plus de temps que pour cette oeuvre baroque, ce palais de pierres rassemblées au cours de mes promenades dans le temps" (PG: 244).

Nous avons montré que la musique qui circule dans *Les Portes de Gubbio* permet de dire l'ineffable. Nous avons vu que la musique exprime d'une façon singulière l'inconscient mais qu'elle constitue aussi, d'une certaine manière, une menace pour l'esprit. Nous avons montré ensuite que l'écriture du journal permettait peu à peu au narrateur de cerner l'énigme de la musique et de mieux saisir la nature secrète de la psyché. Nous avons observé enfin que le texte empruntait une série de métaphores architecturales et archéologiques–la maison, la ruine, la ville, le palais–pour désigner la présence des archétypes dans la pensée inconsciente. Bertrand Poirot-Delpech a bien noté l'importance de cette nouvelle "mémoire" dans le récit. A la parution du roman, il écrit dans *Le Monde*:

> Après les promesses de *Paysage de ruines* et du *Voyage d'Amsterdam*, le troisième roman de Danièle Sallenave fait partie des oeuvres assez riches et maîtrisées pour ne plus craindre le verdict des années... Rarement il nous est donné de voir comme ici une mémoire découvrir au fur et à mesure ses cheminements, et ce qu'elle négligeait même de chercher. Rarement se trouvent conjointes des pensées aussi fortes sur l'art et des notations aussi fines sur la vie courante. (15)

Il est vrai que le narrateur des *Portes de Gubbio* découvre peu à peu une vérité qu'il n'avait pas soupçonnée: la réalité vivante et agissante de l'inconscient. S. rassemble dans son journal une série de réflexions très fortes sur le jeu de la temporalité dans la musique et dans l'écriture. Mais loin de proposer une quelconque synthèse de ces deux expériences, il souligne au contraire la *béance* qui gît au coeur de l'une comme de l'autre.

D'autre part il est vrai que *Les Portes de Gubbio* propose une série de réflexions très fines sur la vie courante. S. vit dans une société où la liberté des hommes est niée par un régime policier, bureaucratique et totalitaire. Son existence se déroule dans un monde désenchanté, où la brutalité du vécu contredit l'utopie de l'histoire. S. étouffe dans le cynisme ambiant. Il est prisonnier d'un système mensonger rendu plus sinistre encore par la grisaille qui domine le décor. Cette grisaille fonctionne dans le texte comme l'expression symbolique d'un deuil innommé: elle désigne l'amertume des espérances trahies et l'abandon de l'idéal des Lumières.

Sylvain Roumette a noté que, de même que certains morceaux de musique sont écrits en mineur, on peut dire du roman de Sallenave qu'il est écrit "en douleur" (101). En effet *Les Portes de Gubbio* ne propose pas au lecteur le portrait d'un homme révolté qui triompherait dans le domaine de l'action. *Les Portes de Gubbio* ne propose pas non plus au lecteur le portrait d'un musicien accompli qui aurait réalisé une oeuvre importante. Le roman décrit au contraire la défaite du personnage, sa carrière brisée, son existence incertaine. Pourtant S. sort transformé de cette épreuve. Une profonde mutation s'opère dans son journal. Maurice Blanchot a souligné que, dans le roman contemporain, les porteurs de paroles, les sujets de l'action, les personnages principaux tombent fréquemment dans un rapport de non-identification avec eux-mêmes: "Quelque chose leur arrive, qu'ils ne peuvent ressaisir qu'en se désaisissant de leur pouvoir de dire '*je*'..." (564). Cette expérience constitue au fond le thème central des *Portes de Gubbio*. Pour Sallenave, le travail de l'écriture, similaire en cela au travail de l'analyse, produit chez celui qui la pratique une mort symbolique suivie d'une renaissance symbolique. L'écriture fait subir au sujet une transformation intérieure dont le passage du 'je' au 'il' narratif est le signe. S. déclare: "Ce corps à corps de chaque jour avec le langage, la mémoire et le temps produit des effets que je ne soupçonnais pas... J'observe, comme s'il ne s'agissait pas de moi, la montée d'un personnage énigmatique" (PG: 239). Ce personnage énigmatique, S. éprouve du mal à le nommer. Mais il est clair qu'S. se transforme peu à peu en *narrateur* – en narrateur de sa propre vie. La voix narrative des *Portes de Gubbio* porte donc la trace d'un certain décentrement qui s'applique au personnage de S. aussi bien qu'à l'auteur. Sallenave explique:

> *Les Portes de Gubbio* marque un changement... Avec ce livre, j'essaie de construire pour la première fois un narrateur distinct de moi. Homme,

musicien, il vit dans un pays qui n'est pas le mien. Émerge petit à petit la possibilité d'écrire à la troisième personne – tout est gagné quand on y parvient, disait Kafka. Évidemment je continue à dire 'je', mais ce 'je' est déjà un autre. (ELL: 12)

Chapitre 3

Regards sur la vie séparée

Ce chapitre propose une discussion des textes brefs de Danièle Sallenave. *Un printemps froid*, un recueil de onze nouvelles, a été publié en 1983. Chacune de ces nouvelles décrit l'expérience de *la vie séparée*. Qu'est-ce que la vie séparée? Cette expression peut s'entendre de plusieurs façons. Dans certaines nouvelles la vie séparée décrit l'existence quotidienne dans laquelle la réalisation de l'individu est sans cesse différée par les tâches sociales ou domestiques. La vie séparée désigne ici la vie affairée de tous les jours dans laquelle il est difficile de se ressaisir, de se donner une discipline et de poursuivre un projet personnel ("L'Accomplissement", "La Visite"). Dans d'autres nouvelles la vie séparée décrit le sentiment que nous éprouvons parfois d'être dépassés par les événements de notre époque. La vie séparée désigne alors la vie moderne coupée du passé et projetée dans un avenir fantomatique. La vie séparée désigne la désorientation de l'homme moderne, surinformé mais frustré du sens de sa situation historique, incapable d'échapper au tapage du monde et des media ("Louise", "L'Atelier du peintre").

Dans d'autres récits encore la vie séparée décrit le moment où commence la seconde moitié de l'existence, c'est-à-dire la crise de la quarantaine. L'individu s'aperçoit subitement que les valeurs et les moyens appliqués à la croissance et à la jeunesse ne sont plus valables pour l'âge mûr: il court le risque de s'attacher au souvenir de cette période révolue et d'en porter le deuil morbide ("Le Colloque", "L'Hôtel de la gare"). Enfin la vie séparée correspond à l'expérience du vieillissement, à l'entrée dans la mort. "La mort ne réunit rien: elle sépare à jamais" (PE: 182), souligne l'auteur. Deux nouvelles comme "L'Anniversaire" et "Un printemps froid" illustrent parfaitement cette idée. Dans tous les cas, la vie séparée représente l'incapacité de sortir de la *gangue* du moi: la difficulté pour l'individu de se déprendre de soi. C'est ce malaise multiforme de la vie séparée – et la façon dont il est mis en relief par l'écriture – que nous allons maintenant étudier à travers trois nouvelles emblématiques: "Louise," "La Séparation" et "L'Accomplissement".[1]

1. *tranches de vie*

"Louise" est un récit d'une vingtaine de pages qui raconte la vie d'une femme ordinaire, née avec le siècle dans une petite ville de province. Sallenave raconte d'abord l'enfance du personnage et décrit sans complaisance les conditions de vie difficiles de ce milieu populaire. Le père de Louise est peintre en bâtiment. Aux beaux jours, il part vers quatre heures du matin pour rejoindre son chantier et il ne rentre que le soir. La mère de Louise entretient le foyer. A longueur de journée elle nettoie, elle frotte, elle astique, elle repasse. Louise grandit à leurs côtés sans qu'on y prenne garde. A dix-sept ans, elle quitte l'école sans le certificat d'études et commence son apprentissage chez une couturière.

La même année, en 1917, Louise rencontre Pierre, un mécanicien, qu'elle épouse aussitôt. Sallenave s'applique alors à dégager la nature particulière du rapport entre les deux époux qui sont typiques de cette époque et de ce milieu. Elle montre d'abord que les jeunes mariés communiquent peu: ils ne cherchent pas à définir ensemble une vie commune. En un sens leurs rôles respectifs sont définis socialement: il s'agit de fonder une famille et d'élever des enfants. Cependant Sallenave souligne que la sécurité que confèrent au mariage la coutume et la convention se paie d'un pesant malaise pour les individus concernés. La source réelle, sexuelle et inconsciente, de la relation conjugale se trouve occultée à ce point par les tabous et par les impératifs sociaux que Louise ne sait comment s'y prendre pour transformer sa relation avec Pierre et donner à leur union un sens authentique.

En fait Louise ne parvient pas à regarder cette relation en face, avec lucidité et sans répugnance, parce qu'il faudrait alors qu'elle prenne conscience de ses propres projections. Un épisode précis illustre cette idée. Un jour, Pierre étant passé contremaître, les deux époux se font

---

[1]Sallenave a souligné la cohérence thématique d'*Un printemps froid* dans son entretien avec Jean-Pierre Salgas: "C'est un récit en onze récits, qui va de l'abandon à la résurrection, et qui constitue une parabole" (ELL: 12). Les trois nouvelles choisies reflètent cette progression: de la vie aliénée dans "Louise" à la vie renouvelée dans "L'Accomplissement".

photographier ensemble par un photographe professionnel. Sur l'image, Pierre endimanché arbore un sourire crâne et triomphant. Il a passé un bras autour des épaules de sa femme. A ses côtés, Louise porte un petit chapeau à voilette et une blouse à pois. Loin d'être à la fête, elle paraît effacée et sa pose est un peu contrainte. Cette photographie, elle ne sait pourquoi, plonge Louise dans un profond malaise. "La photographie, dans son cadre noir, resta accrochée au-dessus de la commode jusqu'à ce que le cordon casse: Louise ne le remplaça jamais" (PF: 40). On se rappelle qu'Emma Bovary, lassée de la vie conjugale, jetait au feu les fleurs de son bouquet de noces. Ce geste marquait chez l'héroïne de Flaubert une esquisse de révolte au nom de la vie rêvée dans les romans. Mais l'attitude de Louise est plus passive et, en un sens, plus complexe. Louise ne détruit pas la photographie: elle "l'oublie" au fond d'un tiroir. Pourquoi? Parce que la pose conventionnelle et crispée des deux époux sur la photographie est une représentation exacte de leur mariage: une image fidèle de cette vie commune figée que Louise n'aime pas mais à quoi elle ne trouve rien à opposer.

    Notons ici qu'à aucun moment il ne s'agit pour Louise de se révolter contre son mari ou contre le "pouvoir masculin" puisque Pierre, en dépit de sa grossièreté, n'a rien d'un tyran domestique. Pierre, comme Louise, est incapable de concevoir un autre type de relation entre époux. En fait Louise recherche intuitivement dans le mariage, c'est-à-dire dans une institution extérieure, la totalité intérieure et inconsciente qui lui fait défaut. C'est pourquoi elle se sent à présent doublement séparée. Elle est séparée de Pierre dont les pensées et les agissements lui paraissent de plus en plus opaques et indifférents; elle est aussi séparée d'elle-même parce que ses aspirations secrètes ne franchissent pas le seuil de sa conscience et ne sont pas soumises à un examen critique. C'est peu dire que la vie conjugale des deux jeunes époux est sans élan: ils se parlent à peine. Pour comble de malheur, Louise apprend bientôt qu'elle ne peut pas avoir d'enfants.

    Sallenave montre dans cette nouvelle que les années vingt, contrairement à la légende, n'apportèrent aucun changement notable dans le statut social des femmes françaises. Les manuels d'histoire évoquent souvent l'appel de Viviani, président du Conseil, encourageant les femmes de 1914 à travailler aux champs et à entrer dans les usines. Mais il s'agissait simplement de remplacer les hommes pour la durée de la guerre.

Les manuels d'histoire évoquent aussi les "garçonnes" des années folles, jeunes femmes émancipées, popularisées par les romans de Victor Margueritte et par les nouvelles de Paul Morand. Mais il s'agit de créatures d'exception qui évoluent dans un milieu cosmopolite et parisien: les femmes ordinaires comme Louise n'en entendirent guère parler. Au contraire les femmes qui, après la guerre, espéraient obtenir le droit de vote virent le gouvernement mettre en place une politique nataliste. De 1918 à 1940, plusieurs campagnes en faveur de la famille mobilisent l'opinion. Hommes politiques, hommes d'Église et médecins se succèdent à la tribune de l'Assemblée pour exhorter les femmes françaises à la maternité, véritable "impôt du sang." C'est ce contexte qui explique, pour une part, le traumatisme que constitue pour Louise la nouvelle de sa stérilité. Il ne s'agit pas simplement de la ruine d'un idéal familial personnel. À la déception de Louise s'ajoute un sentiment de culpabilité et d'échec social.[2]

Dès cette époque – elle vient tout juste d'entrer dans sa vingtième année – Louise a atteint le terme de son développement. Sallenave insiste beaucoup sur ce point. Évidemment la vie de Louise sera traversée par d'autres événements, petits ou grands: de nouvelles amitiés, quelques voyages, la seconde guerre mondiale, etc. Mais Louise ne changera pas. Pour changer, il faudrait que Louise puisse saisir concrètement sa situation. Or elle en est incapable. Que sait-elle du monde? Que sait-elle de son monde à elle, c'est-à-dire de sa ville et de sa famille? Peu de choses. Elle tient de son père de vagues anecdotes sur la vie d'autrefois et quelques maximes générales sur le passage des saisons. Elle tient de sa mère quelques recettes de cuisine et quelques notions de couture. Ses professeurs lui ont enseigné des rudiments de grammaire, d'histoire et de géographie. Sallenave montre ici que Louise n'entretient pas de lien profond avec la culture qui fut celle de ses aïeux—culture paysanne dont il ne faut pas s'exagérer la richesse car il s'agit de savoirs simples et figés que l'individu acquiert et transmet sans innover. On peut établir ici, pour préciser le propos de l'auteur, une distinction assez nette entre coutume et tradition. Louise est prisonnière de la coutume. Elle se conforme mécaniquement aux règles sociales dont elle ne fait qu'entrevoir confusément la raison d'être. La tradition, au contraire, est active: c'est

---

[2] Concernant l'anti-malthusianisme de l'entre-deux guerres, voir Françoise Thébaud (285-96) et Christine Bard (366-74).

une interrogation du passé. La tradition, dans le meilleur sens de ce mot, est une recherche anxieuse du sens et de l'identité: c'est une quête du passé pour comprendre et pour transformer le présent. Chez Louise, nulle trace de ce processus: nul vertige vis-à-vis de l'origine. Louise est née dans un monde plus vieux qu'elle, mais vis-à-vis duquel elle demeure indifférente: "Le grand mouvement du monde avait commencé il y a bien longtemps, mais elle n'y pensait pas plus qu'on ne songe aux sources d'un fleuve lorsque, assis à son bord, on le regarde couler" (PF: 43). Pour l'homme ou pour la femme du commun du XXe siècle, le rapport au passé n'est plus une continuité mais une "séparation".

Louise a 44 ans au moment de la seconde guerre mondiale. Elle voit se succéder la défaite, l'Occupation et la Libération. La fin de la guerre se déroule en des lieux qu'elle imagine à peine et dont elle ne retiendra pas le nom. Au cours des années cinquante, Pierre s'éteint et Louise demeure seule. Bientôt commencent les années de la retraite qui coïncident avec l'explosion de consommation des années soixante. Subitement le téléphone, la douche, la télévision et la machine à coudre font irruption dans la vie de Louise. On pourrait croire que l'abondance et le confort vont métamorphoser in extremis cette vie repliée et patiente. La télévision, surtout, semble un moment pouvoir recomposer cette existence et l'ouvrir au monde en donnant à Louise les moyens, par l'image et par l'information, de saisir son époque. Mais il n'en est rien. Sallenave montre qu'au cours de ces années-là la vie de Louise ne se modifie pas: son existence demeure séparée. Il s'opère simplement dans l'esprit de Louise une sorte de juxtaposition entre le monde des actualités (retour de De Gaulle, mission d'Apollo sur la lune, événements de Mai 68) et le monde des activités quotidiennes (courses au supermarché, coups de fil aux voisines, achats d'appareils électroménagers). Entre le monde des images et le monde du ménage, la synthèse ne se réalise pas.

L'objectif de Sallenave dans "Louise" est donc à la fois psychologique et sociologique. Au départ il s'agit pour l'auteur de brosser le tableau d'une vie ordinaire à travers la première moitié du siècle, sans tomber dupe des grands mythes nationaux. Sallenave décrit l'éducation bâclée de Louise, son développement psychologique entravé et sa vie de couple ratée. Par la suite, en revanche, Sallenave veut montrer l'existence d'une France à deux vitesses au cours des Trente Glorieuses. Elle souligne le décalage de la France profonde: une France restée encore proche de la vie provinciale d'autrefois mais touchée subitement par l'ère technologique et la société d'abondance. Sallenave décrit à travers son personnage vieillissant la transformation spirituelle de la France contemporaine: une France déchristianisée "sans avoir véritablement accédé aux Lumières" (DM: 71), une France convertie hâtivement aux "nouveaux dieux de la consommation" (DM: 71).

Notons à quel point l'intertexte flaubertien – et notamment l'influence d'"Un cœur simple"– est sensible ici. En un sens Louise est la petite-fille de Félicité: elle en prolonge la problématique au cœur de notre siècle. Comme Félicité, Louise est "née dépossédée" (PF: 42): dès le départ elle ne possède aucun moyen de se réaliser. Félicité représente pour Flaubert la survivance de valeurs paysannes d'Ancien Régime dans un siècle dominé par l'esprit bourgeois. De même Louise incarne pour Sallenave l'esprit provincial d'avant-guerre, – l'esprit laïc et républicain de la IIIe république – , plongé dans l'ère médiatique et technologique. Il est clair cependant que le pessimisme de Sallenave est plus prononcé que celui de Flaubert. A aucun moment l'existence de Louise ne connaît de transcendance, même ambiguë, comme dans la conclusion d'"Un cœur simple." Au contraire, la vision mystique ultime de Félicité est remplacée dans "Louise" par les images insipides du poste de télévision.

Au fond Sallenave combat deux illusions contemporaines à travers le portrait de Louise: et c'est pourquoi ce portrait connaît une certaine ambiguïté. D'une part Sallenave combat l'idéalisation du prolétaire dans sa nouvelle. Elle combat l'éloge aberrant de la culture populaire, culture que les intellectuels issus du gauchisme de 68 ont voulu considérer comme plus authentique et plus fraternelle que la culture dominante. Sallenave montre très bien à quel point le monde de Louise est étriqué, vide de sens et sans ressources. Faute d'éducation, faute de réflexion et faute de livres, Louise traverse l'existence comme à tâtons, entourée de mots et de notions aux contours imprécis. Louise est incapable d'imaginer un monde différent du sien ou d'interpréter son propre monde en profondeur; et c'est pourquoi sa "séparation" est radicale. D'autre part Sallenave combat l'idéologie stérile des media dans sa nouvelle. Elle observe que nous sommes en train d'assister à la naissance d'une civilisation dont les livres ne constituent plus le centre et dans laquelle ils ne sont remplacés par rien. Sallenave suggère par son récit que l'ère médiatique est vide et creuse: la libération de la vie ordinaire que nous promet le petit écran n'aura pas lieu. Les media ne cherchent en effet ni à comprendre ni à représenter le réel: ils visent à le rendre spectaculaire. De plus les media n'autorisent pas vraiment une interrogation personnelle sur les événements ou sur l'existence: ils favorisent au contraire l'identification de l'individu au groupe.

A travers le portrait de Louise, Sallenave peint l'aliénation sociale d'autrefois et celle d'aujourd'hui: c'est pourquoi la vie de Louise apparaît sombre et sans issue. Mais en même temps Sallenave fait sentir à son lecteur la tendresse que lui inspire cette vie provinciale et bornée, en marge du tapage médiatique. Pour Sallenave, en effet, la libération de la vie ordinaire ne correspond ni aux richesses ni aux plaisirs que nous décrivent les feuilletons télévisés. La libération de la vie ordinaire n'implique pas une fuite loin de la vie ordinaire, – car il s'agirait d'une "séparation" supplémentaire –, mais une réconciliation avec cette vie ordinaire. Pour Sallenave la vie authentique n'est autre que la vie ordinaire: mais la vie ordinaire revisitée par la pensée et par les livres. La libération de la vie ordinaire, – n'en déplaise aux magazines et aux talk-shows –, n'est pas la célébrité mais la contemplation.

La seconde nouvelle que nous allons discuter, "La Séparation," conduit le lecteur dans le Paris des années quatre-vingt. Ce court récit de onze pages raconte la séparation d'un homme et d'une femme. Martin est un homme encore jeune, qui vit seul dans un appartement. Luisa est une femme divorcée, avec deux enfants à sa charge. Les deux personnages ne sont pas mariés; et ils ne vivent pas sous le même toit. C'est donc une simple liaison qui prend fin: une liaison qui a duré cinq ans. Sallenave ne précise pas la cause, ou les causes, de cette séparation. En fait, rien de précis ne semble occasionner cette séparation. Les deux personnages sont devenus étrangers l'un à l'autre: ils se quittent simplement par lassitude. Ce qui est frappant dans cette nouvelle, dès le départ, c'est la double gageure de Sallenave. D'une part Sallenave choisit de rendre les réactions d'un homme confronté à cette situation: elle adopte le point de vue masculin pour raconter cette séparation. D'autre part Sallenave raconte une rupture sans "drame": une rupture sans cris et sans larmes. La séparation de Martin et de Luisa n'a rien de spectaculaire: c'est un incident sans éclat, un déchirement en douceur qui se prête assez mal, a priori, au récit.

Dans la première section de cette nouvelle, Martin vient de

retrouver Luisa dans un square près de la place d'Italie. C'est leur dernier rendez-vous: un rendez-vous public afin d'éviter tout dérapage sentimental. Tandis qu'ils marchent côte à côte sans rien dire, Martin remarque combien la gêne physique est grande entre eux. Chacun est attentif à ne pas toucher l'autre et à ne pas faire échouer cette séparation par un geste déplacé. En même temps chacun sent son corps d'une façon nouvelle, démesurée. Martin et Luisa ont cessé d'être unis. Ils comprennent qu'une séparation est une "scission invisible" par laquelle deux corps nouveaux vont naître, "rendus au froid de l'existence séparée et à l'attente de la mort" (PF: 71).

Dans la deuxième section de cette nouvelle, Sallenave suspend le récit de cette dernière rencontre pour opérer un retour en arrière. Elle raconte comment Martin et Luisa se sont donnés rendez-vous la veille au téléphone. Martin téléphone d'une cabine publique: et ce coup de téléphone provoque en lui un malaise particulier. Pendant qu'il parle avec Luisa au téléphone, Martin éprouve du mal à reconnaître la voix qui bruit au creux de son oreille: il découvre de nouvelles intonations chez sa compagne, comme s'il existait une autre Luisa qu'il aurait méconnue. D'autre part, tandis que Martin échange quelques phrases avec Luisa, son regard est attiré par la vitre de la cabine téléphonique où est collée une affiche. Cette affiche, dont il ne reste que quelques lambeaux, représente une femme, une vedette de music-hall sans doute, "les yeux clos, les cheveux épars, la gorge ouverte" (PF: 62). Ce détail extérieur est l'emblème du processus qui s'opère en Martin à ce moment-là: un processus de fragmentation, de désintégration de l'image de Luisa. Martin découvre avec stupeur que l'image de Luisa se défait en lui: sous l'effet d'une force mystérieuse, il éprouve de plus en plus de difficulté à conserver l'image vivante du corps de Luisa et à cerner sa véritable personnalité. En fait, pour la première fois, Martin s'interroge sur la présence de telles images. Quitter cette femme, est-ce donc se mettre à distance de son image? Quitter Luisa, est-ce donc renoncer à une image, faire le deuil de cette image pour en choisir une autre, l'image de Luisa telle que d'autres la perçoivent, sans amour?

Le deuil est l'un des thèmes principaux de ce récit. Sallenave veut montrer que la séparation est un deuil symbolique, c'est-à-dire un travail sur l'image, à la fois pour et contre l'oubli. D'une part Sallenave examine la façon dont l'image du personnage féminin, Luisa, perd sa consistance et sa vérité aux yeux de son partenaire, Martin. D'autre part elle souligne comment cette conscience du problème de l'image donne à Martin une lucidité nouvelle: une lucidité "fiévreuse" (PF: 63) et "exaltée" (PF: 64). Cette lucidité isole Martin du monde mais le lui rend plus sensible. Martin prête une attention nouvelle au jeu des images que provoquent les événements du vécu: attention qui correspond assez bien à l'attitude de l'écrivain par rapport au monde et au signifiant. Le soir même, Martin téléphone à son père pour lui annoncer sa visite prochaine à Pâques. Ce deuxième coup de téléphone fait écho au premier coup de téléphone parce qu'il évoque lui aussi une image vouée à l'oubli: l'image de la mère défunte de Martin. Pendant qu'il écoute son père se plaindre de sa solitude, Martin sent revenir l'angoisse de tantôt. Ici encore le processus du deuil est mis en évidence par un détail extérieur au personnage. Après avoir raccroché l'appareil, Martin allume son poste de télévision et observe les lueurs de l'écran tressauter dans l'appartement obscur. Ce passage décrit exactement l'attitude du moi dans le deuil: Martin est plongé dans le noir, confusément aux aguets du réel, mais en retrait, pour n'en pas être atteint.

La dernière section de la nouvelle reprend le fil du rendez-vous décrit au début de la nouvelle. Tandis qu'il déambule avec Luisa, Martin se demande quelle sera la dernière image qu'il emportera de sa compagne et si cette image supplantera toutes les autres. Martin se demande quels détails resteront associés dans sa mémoire à cette ultime rencontre. Il fixe son attention sur les objets qui l'entourent – les enfants qui jouent, les autos qui filent sur le boulevard, les pigeons qui passent d'un vol lourd. La conclusion de la nouvelle est ironique car le détail qui demeurera attaché à cette dernière rencontre dans la mémoire de Martin est un détail trivial et tout à fait imprévu. Au moment où ils vont se quitter pour toujours, Martin et Luisa n'auront pas le temps d'échanger un dernier mot ou un dernier baiser: ils sont abordés près de la station de métro par une vieille clocharde qui les accable de quolibets et les fait fuir.[3]

La métamorphose des images est un thème essentiel pour Sallenave car ce thème soulève le problème de la représentation. La métamorphose des images est un problème psychologique autant que littéraire. Comment oublie-t-on une femme aimée? Comment se font et se

---

[3]Cette vieille mendiante revient comme un leitmotiv dans plusieurs récits de Sallenave. Il s'agit évidemment d'un archétype: une sorte de faucheuse moderne, grimaçante et édentée.

défont les images dans l'esprit? Comment faire sentir leur vie et leur mouvement constant dans un texte littéraire? Proust s'était déjà penché sur ces questions, notamment dans *Albertine disparue*. Sallenave reprend cette problématique dans sa nouvelle et montre que la "séparation," si elle désigne au départ le dernier rendez-vous de Martin et Luisa, décrit ensuite l'état d'esprit de Martin rendu à la solitude et fait référence au divorce qui existe – dans la conscience du personnage – entre l'image et le vécu. Quantité d'objets tirés du décor de cette nouvelle symbolisent cette problématique de la représentation: ils soulignent le travail de fragmentation et de fixation que le deuil fait subir à l'image. Les affiches déchirées sur les murs de la ville, les reflets de la silhouette de Martin dans les vitrines des magasins, les lueurs du poste de télévision allumé dans l'obscurité, renvoient tous à ce thème essentiel.

Notons ici que la nouvelle se prête bien, comme genre, au sujet choisi par l'auteur: car la nouvelle ne cherche pas à provoquer le sentiment de la durée, comme le roman, mais l'impression d'immédiateté. Sallenave utilise dans son récit une technique assez proche du collage: elle décrit une série d'instants forts pour le personnage et présente un réseau d'images irrésolues qui ne composent jamais un tout organique dans l'esprit du lecteur. Le genre de la nouvelle permet ainsi à Sallenave d'échapper au trucage littéraire par lequel "le souvenir aboli de la douleur fait place à une remémoration heureuse" (PF: 68). Pour renforcer l'impression qu'elle veut produire, Sallenave utilise le passé progressif dans sa narration. Elle raconte la dernière rencontre de Martin et Luisa au passé, mais au fur et à mesure que Martin réagit aux événements, c'est-à-dire en conservant le souvenir de l'immédiat et de la douleur. Le texte n'offre aucun recul, aucune synthèse, aucune distance temporelle totalisante et apaisante. Dans *Mille plateaux*, Gilles Deleuze propose la définition suivante de la nouvelle: "Il y a nouvelle lorsque tout est organisé autour de la question: Qu'est-ce qui s'est passé? Qu'est-ce qui a bien pu se passer? Le conte est le contraire de la nouvelle, parce qu'il tient le lecteur haletant sous une toute autre question: Qu'est-ce qui va se passer?" (235). La définition de Deleuze correspond parfaitement à la structure de "La Séparation." La structure de cette nouvelle est 'mélancolique' car l'auteur fait porter l'attention du lecteur sur l'inorigine. De plus l'auteur insiste sur le dédoublement du vécu par l'image. Nous retrouvons les mêmes procédés – mais amplifiés et approfondis – dans la nouvelle intitulée

"L'Accomplissement."

"L'Accomplissement" raconte la dépression passagère d'un homme qui atteint la quarantaine. Le personnage principal, dont le nom demeure inconnu, se penche sur sa vie: et il perd pied. On peut distinguer deux parties dans cette nouvelle, et cette "séparation" en deux parties est significative. Le récit débute un soir d'automne au moment de la fermeture des bureaux. L'homme va prendre son train de banlieue à la gare Montparnasse lorsqu'il remarque un enfant immobile entre deux femmes. Cette image constitue le déclic qui amorce la réflexion du personnage sur sa vie. L'homme s'installe dans un compartiment et le train s'ébranle aussitôt. Sur la vitre du compartiment, il observe son visage. Il se souvient qu'enfant il avait rêvé de modeler les traits de son visage: de transformer son visage pour exprimer sa personnalité. Mais il s'était vite rendu à l'évidence: cette coïncidence est impossible. A présent son visage s'est durci. Son visage est fait. L'homme entrevoit une vérité nouvelle: il lui faut se voir comme les autres le voient. Il lui faut se reconnaître dans ce visage et cesser de lui opposer une douteuse identité intérieure. Son visage n'a pas de sens secret. Son visage n'est qu'une trace: un lien biologique et obscur qui l'unit à une race, à son père et à sa mère, à des morts.

L'individu n'est que le maillon d'une chaîne: c'est sur cette vérité banale et un peu déprimante que s'achève la première partie du récit. Le voyageur est parvenu à destination et doit quitter le compartiment. Mais l'auteur a déjà placé son personnage à l'intersection de plusieurs problématiques. D'une part Sallenave montre que, pour saisir la vie, l'homme doit d'abord éprouver la perte de son moi et de ses repères familiers. La quête de l'identité est une expérience ambiguë: c'est une déroute où le "je" superficiel se défait. Cette dissolution du sujet mime la mort: et le personnage comprend que c'est cela qui produit en lui l'angoisse. D'autre part Sallenave met en relief l'abîme qui sépare l'accomplissement individuel de l'accomplissement biologique. Le découragement particulier qu'éprouve le personnage tire sa source de cette dualité. L'homme se souvient d'avoir longtemps espéré une révélation qui aurait façonné sa vie dans un sens particulier. Mais ni l'enfance ni l'adolescence ni l'âge adulte n'ont apporté de révélation. A chaque fois ce n'était qu'une étape, un changement sans progrès et sans dévoilement: sans accomplissement.

La seconde partie de "L'Accomplissement" se déroule quelques jours après, un dimanche. Accompagné de sa femme, Claire, et de leurs deux enfants, Aline et Frank, l'homme décide d'aller faire une promenade à l'étang qui donne son nom à la résidence où ils habitent depuis deux ans. Cet étang, l'homme ne l'a jamais vu et il ne sait par quel chemin s'y rendre. Mais les enfants connaissent la route: ils servent d'éclaireurs à leurs parents à travers les blocs d'immeubles et les terrains vagues, et semblent parfaitement à l'aise dans cet élément.[4] Sallenave décrit dans ce passage la grande banlieue parisienne: des lotissements de maisons individuelles et des groupes d'immeubles bon marché, bâtis en rase campagne, flanqués d'un supermarché et d'une bretelle d'autoroute. Elle montre que ce nouvel habitat traduit une nouvelle façon de vivre en société: une vie matériellement confortable mais sans aucun sentiment de communauté. Rien de ce qui aidait autrefois les hommes à se situer et à se définir ensemble n'est présent: point d'espace de rencontre, point d'avenues pour la promenade, point de vie de quartier. Le "rêve européen" d'une cité radieuse, rêve issu des Lumières, ne s'est pas réalisé dans les cités-dortoirs.

Une grande déception attend le personnage lorsqu'il parvient à l'étang. Au lieu d'un étang romantique, il découvre une nappe d'eau artificielle, bordée de béton et alimentée par une pompe. L'homme éprouve le sentiment d'une duperie universelle: "Quelque chose d'irréparable s'était produit lorsque les hommes avaient accepté de donner aux choses des noms qui ne leur convenaient pas, et qu'elles portaient honteusement comme un chien qu'on habille d'une robe d'enfant" (PF: 145). L'étang, comme la cité où il habite, n'est qu'un mot vide et trompeur. Ici encore l'accomplissement souhaité n'a pas eu lieu. Au fond le personnage est partagé entre deux expériences du temps: le temps linéaire et le temps cyclique. La structure et le décor de la nouvelle mettent en relief cette opposition. Le trajet en train décrit dans la première partie symbolise l'obsession du temps linéaire, c'est-à-dire la succession rapide d'étapes à peine entrevues, vouées à l'inaccomplissement et à la mort. La seconde partie, la promenade autour de l'étang, symbolise en revanche le temps cyclique, la reproduction du passé dans le présent, la boucle de l'éternel

---

[4] L'image des deux enfants qui mènent leurs parents dans le dédale de la cité-dortoir fait écho à l'image de l'enfant qui apparaît au début de la nouvelle. Cet encadrement est donc significatif et marque le thème profond du récit.

retour. Le personnage est pris de vertige entre ces deux expériences du temps et de l'espace: sans le savoir, il en cherche la coïncidence ou la synthèse.

Pour Sallenave cette synthèse est possible sous certaines conditions, comme le montre la conclusion de la nouvelle. Découragé de n'avoir pas trouvé "le lieu et la formule," l'homme décide de prendre le chemin du retour. Les enfants le dépassent en courant et en poussant des cris. Le personnage s'approche de sa femme et s'appuie à son bras. Ce simple geste suffit à faire surgir le souvenir d'une promenade d'autrefois, en compagnie de sa mère, lorsqu'il était enfant. Il s'agit d'un souvenir sans date: d'une simple image qu'il avait oubliée. Ce jour-là sa mère s'était appuyée sur son bras et elle l'avait pressé. Le jeune homme savait qu'il aurait dû répondre à cet abandon mais une pudeur subite l'en avait empêché. A présent il est trop tard: il est définitivement séparé de sa mère. Mais en même temps il lui semble que ce souvenir n'aurait pas surgi de l'ombre sans l'épreuve de l'oubli et de l'abandon. Dans ce passage Sallenave montre comment une reconstitution du lien parental se produit dans la psyché de l'homme mûr. A travers cette reconstitution, l'individu trouve sa place raisonnable dans la suite des générations: il se trouve libéré de son isolement et restitué à sa totalité. Sallenave montre aussi comment, dans ce dialogue muet avec sa mère, le personnage cherche à renouer contact avec la psyché primitive, avec "l'esprit d'enfance" qui préexiste au développement de la conscience.[5] C'est pourquoi le personnage de Sallenave se sent maintenant à la fois "exaucé" (PF: 147) et "exhaussé" (PF: 147) au-delà de son existence. La mélancolie s'est métamorphosée chez lui en volonté de se souvenir: en mémoire authentique.

Au fond le conflit du personnage n'est pas résolu logiquement parce qu'il est insoluble logiquement. Sallenave ne donne pas de solution discursive à ce conflit car ce serait l'enfouir sous les mots sans le cerner véritablement. L'accomplissement qui a eu lieu est un dépassement du niveau de la conscience. Le conflit n'a pas été résolu en lui-même, mais il s'est déplacé en présence d'une nouvelle orientation de la pensée et de la vie. La quête authentique de l'identité débouche selon Sallenave sur l'expérience de la séparation, c'est-à-dire sur la prise de conscience d'un

---

[5]Notre analyse s'inspire ici des observations de Jung dans *L'Âme et la vie*: 344-46. Il est clair que la "vie séparée" désigne ici une vie séparée des sources vives de l'inconscient.

déchirement, d'un deuil et d'une dette. Une certaine tradition philosophique envisage la recherche de l'identité sous la forme de la coïncidence avec soi. L'origine, dans cette perspective, est ce qui ignore encore le négatif et la dualité. Au contraire pour Sallenave – très proche ici de Freud et de Jung – l'expérience de la séparation est le signe authentique de l'identité. Rien ne saurait l'effacer ni s'y substituer. C'est cette séparation profonde de la psyché que la structure mélancolique de la nouvelle vient mettre en relief.

2. *l'usage de la parole*

En 1986, au cours d'une table ronde consacrée à *l'extrême contemporain* et qui réunissait entre autres Philippe Sollers, Florence Delay, Denis Roche et Michel Deguy, Danièle Sallenave prit la parole pour présenter sa conception du récit contemporain.[6] Cette intervention peut se résumer à deux idées principales. La première est un refus de l'effet de modernité. Il existe chez l'auteur d'*Un printemps froid* une véritable réticence vis-à-vis des signes spectaculaires de rupture que l'avant-garde aime à multiplier pour se rassurer sur sa démarche progressiste. L'obsession d'aller de l'avant, le souci d'être en prise directe sur les événements contemporains, conduit trop souvent l'avant-garde à confondre actualité et modernité.

> Je me définirais plutôt par un désir de résistance... Je ne sais pas si esthétiquement je suis en avant, si je vais de l'avant. En avant de quoi? Je ne sais pas. Si tant est que l'artiste ait à rendre des comptes devant l'histoire, il semble que ce qui m'intéresse, moi, c'est d'être aussi à la traîne de l'histoire, d'être à l'écoute de ceux qui sont à la traîne, d'être à l'écoute de ceux que la modernité considère comme devant être rejetés sur ses bords comme traînards... J'ai envie de traîner la savate avec ceux qui la traînent non pas en esthétique mais dans l'histoire. (18)

Au culte de la rupture qui caractérise l'avant-garde, Sallenave oppose ici de façon un peu provocatrice le déphasage de l'homme du commun. Mais cette méfiance à l'égard des signes de "l'extrême contemporain" ne veut évidemment pas dire que l'écrivain va adopter une

---

[6]On trouvera un compte rendu détaillé de cette intervention dans "L'Extrême contemporain: questions de roman": 16-22. Les citations qui suivent sont tirées de ce compte rendu.

position frileuse et repliée par rapport à son époque. Au contraire tous les textes que Sallenave écrit pendant les années 80 et 90 montrent à quel point cet auteur est sensible aux transformations du monde actuel. Mais adhérer au monde actuel veut-il dire entonner ses slogans et adopter ses poncifs? Pour Sallenave l'écrivain exprime mieux son époque en dévoilant ce qui fait peur à celle-ci et en révélant ce que ses contemporains cherchent à fuir ou à oublier.

La seconde idée présentée par Sallenave dans son intervention est la nécessité d'un retour à la narration.

> La question vraiment moderne qui se pose aujourd'hui au roman n'est pas celle d'un "retour au récit": elle est celle d'un retour à la narration. Retour au récit veut dire: retour de l'intrigue, retour du personnage, désir de "raconter des histoires". Retour à la narration veut dire: retour à la voix du narrateur. (21)

Sallenave distingue soigneusement ici son entreprise de celle du Nouveau Roman et de ses avatars postmodernes. Le Nouveau Roman est un mode de récit dont les affinités avec la composition picturale abstraite sont évidentes – collages, montages, refus de la représentation et refus de la perspective, juxtaposition de cadres, de simulacres et de trompe-l'oeil qui viennent défaire l'unité du vraisemblable. Mais l'auteur d'*Un printemps froid* demeure sceptique face à ces jeux sémiotiques. Elle insiste sur le fait que la littérature doit penser le réel et que le narrateur du récit doit partager avec le lecteur une expérience humaine authentique. "Le récit est une proposition de sens que le lecteur médite, accepte, prolonge ou refuse".[7] C'est pourquoi, aux antipodes du Nouveau Roman, Sallenave célèbre la fécondité des écrivains antillais ou latino-américains contemporains qui, tels Jorge Amado, ont su conjuguer le goût du conte et le souci du monde. Les romanciers européens ne devraient-ils pas suivre cet exemple et renouer, par delà Flaubert et Balzac, avec la verve narrative d'un Rabelais ou d'un Diderot?[8]

Au cours des années 80 et 90 l'écriture romanesque de Danièle Sallenave se déploie selon cette visée. *Adieu* et *Viol* sont deux récits brefs

---
[7] Voir Danièle Sallenave, "Onze propositions en hommage à *Temps et Récit*": 268.

[8] Sur ce point voir Danièle Sallenave, "Éloge de la fécondité": 8.

qui se déroulent dans un cadre contemporain. Ils mettent en scène des personnages qui demeurent à la traîne de l'histoire, à l'écart de la modernité. *Adieu* et *Viol* prolongent ainsi la réflexion de l'auteur sur la "vie séparée". Mais en même temps *Adieu* et *Viol* emploient une forme de narration nouvelle: une narration souple et dialoguée. C'est pourquoi ces deux textes ont été adaptés sans difficulté au théâtre. La première d'*Adieu* a eu lieu le 11 janvier 1990 au TNP de Villeurbanne, avec Fred Personne dans le rôle du principal protagoniste. *Viol* a été mis en scène par Brigitte Jacques en juillet 1999 pour le festival d'Avignon. Discutons maintenant ces deux récits.

Le personnage principal d'*Adieu* est un retraité qui vit isolé dans un bourg de province. C'est un vieillard immobilisé par l'âge et par de petites infirmités: un homme sans importance sociale et qui attend la mort. "La vie des grands hommes appelle le témoignage, excite la mémoire, attise la piété" (AD: 16), note Sallenave. Mais celle des hommes ordinaires? Quels sentiments et quelles réflexions peut provoquer une vie ordinaire, sans relief et sans éclat? Le narrateur d'*Adieu* est le petit-neveu du vieillard: il vient lui rendre visite pendant trois semaines et prend de nombreuses photos du vieil homme, de son appartement, du bourg et de la région. Au départ l'écrivain met en relief le "fossé des générations" entre les deux protagonistes. Tout semble les séparer: l'âge, la santé, le niveau d'éducation, la profession, le mode de vie et les centres d'intérêt. Mais peu à peu se tissent entre eux des liens d'entente et d'amitié. Le jeune homme écoute, prend des photographies, questionne le vieil homme sur son passé. Ici encore Sallenave oppose deux formes de mémoire dans son récit. D'un côté la mémoire historique, abstraite et livresque, qui est celle du jeune homme: c'est l'héritage des siècles passés, la connaissance des grandes dates de l'histoire, de l'art et de l'humanité. De l'autre la mémoire personnelle, concrète et familiale, qui est celle du vieillard: c'est un cortège de faits divers, de plaisirs et de souffrances d'autrefois, de souvenirs de visages défunts. Sallenave montre très bien que pour le vieil homme, comme pour tous les gens ordinaires, le passé ne vaut pas qu'on s'y attarde. Le vieil homme est incapable de remonter au-delà de la génération de ses grands-parents. De plus le "progrès moderne" ne souffre pour lui aucune discussion: les soins médicaux, les installations sanitaires, les routes et les ponts, les appareils électroménagers ont radicalement transformé sa vie quotidienne. Mais en même temps, Sallenave souligne chez le vieil homme l'indifférence concernant l'avenir, son déphasage par rapport à l'actualité, son malaise lorsqu'il écoute la télévision. Le vieil homme vit dans un présent étroit, limité et étriqué, coupé du passé et de l'avenir: un présent qui n'est qu'une parodie de temps.

Comme "Louise", *Adieu* décrit une existence sans accomplissement, c'est-à-dire, en termes jungiens, sans individuation. *Adieu* montre aussi l'incertitude du vieillard au moment où celui-ci touche au terme de sa vie: car il ne possède ni les moyens de la penser ni les moyens de la transmettre.

> Qu'a donc fait de sa vie ce vieil homme muré dans la sphère étroite d'une existence dont rien n'est venu l'arracher, qui n'a connu ni les livres ni les voyages et qui à l'extrême bord de sa vie, ne semble éprouver ni inquiétude ni regret, mais seulement un muet assentiment au grand ordre des choses? (AD: 15)

Sallenave ne propose pas dans *Adieu* une biographie mais un portrait: le portrait d'un homme sur le point de s'effacer. Ce n'est pas le portrait d'un moi accompli, conquis sur l'adversité, épanoui par la vie: c'est le portrait d'un moi inachevé, tronqué et atrophié par l'existence ordinaire. Ce qui est émouvant, c'est ce qu'on pourrait nommer le *tremblé* de ce portrait. D'une part l'écrivain souligne les gestes maladroits et les paroles hésitantes du vieil homme diminué à cause du grand âge. D'autre part l'écrivain montre comment des détails sans importance et oubliés depuis longtemps ressurgissent subitement dans sa mémoire. Le vieil homme revoit subitement les sourcils très noirs de son épouse; les vaches emportées par la rivière pendant la guerre; la "trempe" que lui avait administrée son premier patron à cause d'un travail bâclé; l'équipage somptueux du docteur Mortier lorsque celui-ci se rendait le dimanche à la messe. Par cette technique des *biographèmes*, Sallenave parvient à rendre le mystère d'une existence sans accomplissement mais non sans apaisement parce que cette existence est vécue sans illusion et sans représentation faussée.[9]

Il est clair que la photographie joue un rôle important dans *Adieu*. D'une part la photographie sert de métaphore métatextuelle: elle reflète la

---
[9] Roland Barthes définit le biographème dans *Sade, Fourier, Loyola*: 14 et dans *Roland Barthes par Roland Barthes*: 113-14.

technique de l'écrivain pour représenter le vieil homme en une série d'instantanés. D'autre part la photographie mime le travail de la mémoire: elle sert au jeune homme à fixer le portrait du vieil homme et à le préserver de l'oubli. On peut ajouter que la photographie fonctionne dans ce texte comme une nouvelle forme de mémoire du passé car la photographie est un témoignage purement visuel qui échappe à l'idéologie des documents officiels et à l'ordre des traces écrites. La photographie permet de poser un regard plus authentique sur l'histoire vécue par les hommes ordinaires: en cela, elle est très proche du projet éthique de l'auteur.

Dans *Viol*, Danièle Sallenave décrit aussi une vie ordinaire. Mado est une femme d'âge mûr qui vit dans la cité nouvelle de Saint-Colmer, dans le Nord. Son mari, Lucien, est un veilleur de nuit. Il vient d'être condamné pour le viol de la fille de Mado, Marie-Paule, née d'un premier lit. Sophie Dauthry est une jeune sociologue parisienne. Elle mène une enquête pour étudier comment les femmes réagissent à la condamnation de leur mari pour ce genre de crime. Il ne s'agit donc pas pour Sophie de rouvrir l'instruction du procès, ni d'établir si Lucien est coupable ou non, mais de saisir les réactions de la *seconde victime*: c'est-à-dire l'épouse. Mado répond d'abord aux questions de Sophie avec réticence; puis elle y répond avec une sorte de soulagement. A qui pourrait-elle communiquer son désarroi? Mado décrit son enfance, sa vie sans horizon, son travail dans un café, la faillite de son premier mariage, la rencontre de Lucien, son bonheur avec lui. Puis elle raconte le scandale du procès, la dureté des voisins, sa dépression nerveuse, sa solitude, et surtout son amour pour Lucien malgré tout ce qui s'est passé. Au fil des conversations, une certaine complicité se noue entre les deux femmes, malgré tout ce qui les sépare. *Viol* met face à face deux types de femmes presque opposés. D'un côté la femme obscure ou opaque – Mado – issue d'un milieu simple et sans éducation, et dont l'existence ne semble mener nulle part. De l'autre la femme intellectuelle – Sophie – qui a su imposer à sa vie une ligne directrice et semble échapper ainsi à la fatalité du mariage, de la famille, des tâches domestiques, etc. Cependant le but de Sallenave n'est pas d'opposer la femme moderne, autonome et éclairée, à la femme au foyer, frustrée et bornée. Une telle opposition serait évidemment caricaturale et ne rendrait pas compte de la situation réelle des femmes dans la société contemporaine. Josyane Savigneau explique:

> Comme Simone de Beauvoir, à laquelle elle ne cache pas ce qu'elle doit, Danièle Sallenave met en scène des personnages de femmes qui n'ont pas su se sortir des pièges sociaux et affectifs propres à leur sexe... Ce qui rend ce livre terrible et bouleversant, si on a envie de comprendre de quelles ténèbres les femmes doivent se dégager (*et même les femmes éduquées ont quelque chose en elles de cette ancestrale obscurité*), c'est de suivre pas à pas les contradictions de Mado, cette blessure qu'elle ne peut pas dire, qui l'a détruite, et qui, bien sûr, la tuera.[10]

La forme de *Viol* est originale: il s'agit d'une série de six entretiens entre les deux femmes, enregistrés au magnétophone. Cette présence de la bande d'enregistrement dans la fiction entraîne plusieurs conséquences. D'une part, le primat de la langue parlée contemporaine, dont Sallenave capte merveilleusement les tournures, les clichés, les imprécisions. *Viol* présente deux 'voix' bien distinctes, fidèlement traduites avec leurs registres et leurs rythmes particuliers. D'autre part, *Viol* n'offre pas de narration chronologique. Le récit est un dialogue, un échange, un déplacement de répliques en répliques. Au cours des premiers enregistrements, le malaise de Mado est très net car celle-ci n'a guère l'habitude de s'interroger sur sa vie, sur son passé, sur ses aspirations, sur sa position dans le monde. De plus Mado ne cesse de se dérober devant ce mot insoutenable: viol. Au cours du dernier entretien, cependant, Mado fait face à la vérité. Elle révèle à Sophie que c'est elle qui a dénoncé son mari à la police, par l'envoi de lettres anonymes. Elle avoue aussi, toute honte bue, qu'elle a écrit ces lettres non pour protéger sa fille mais par pure jalousie...

Il y a donc un coup de théâtre dans la conclusion de *Viol*. Ce texte montre la difficulté qu'éprouve Mado à faire face à la vérité concernant le viol de Marie-Paule et aussi concernant ses propres sentiments. Ce texte montre la nécessité pour les femmes de s'arracher "au lourd passé imposé par une société où les mères se font complices parfois de l'enfermement des filles" (BSR: 6). La perspective narrative adoptée par l'auteur est d'ailleurs très significative. Caroline Eliacheff et Nathalie Heinich ont observé que dans *Viol* "c'est sous une forme apparemment documentaire que s'élabore progressivement l'intrigue, comme si le genre romanesque, pour une fois, se prêtait mal à la représentation de situations aussi

---
[10]Josyane Savigneau, "Femme piégée": 7.

traumatiques" (237). De plus, c'est autour du viol de Marie-Paule par son beau-père que se construit l'intrigue: mais cet épisode n'est jamais représenté. Lynn A. Higgins et Brenda R. Silver ont montré que l'effacement systématique de la scène de viol dans les textes littéraires écrits par des hommes – par exemple dans *L'Année dernière à Marienbad* – met en évidence l'ambiguïté du jugement social concernant ce crime. L'effacement esthétique du viol est une censure de la violence infligée au corps féminin: cet effacement exprime en fait le refoulé du discours masculin dominant. Il est clair cependant que l'absence de la scène choquante possède dans *Viol* un tout autre sens. Si Sallenave ne présente le viol de Marie-Paule qu'indirectement – en soulignant l'effet désastreux de cet événement sur la vie de Mado – ce n'est évidemment pas pour innocenter Lucien mais bien pour souligner la complicité silencieuse dont s'accompagne souvent ce genre de crime.[11] Autrement dit cette perspective indirecte n'est ni pudeur ni dérobade: c'est une perspective qui révèle mieux la condition réelle des femmes dans la société, tout en évitant les stéréotypes de la presse à sensation. L'écrivain explique:

> Ce qui me fait écrire, ce ne sont pas les enfers historiques, mais ces tout petits enfers ordinaires. Non pas l'immensité du Mal absolu, mais l'étouffement, les vies mutilées, ... J'y reviens avec une insistance que je ne calcule pas, mais qui s'impose à moi... Il se trouve qu'il y a là beaucoup de personnages de femmes. C'est que je pense que les femmes connaissent un empêchement particulier, spécifique, un enfermement de destin, toutes les formes de la contrainte et de la vitalité entravée. C'est cette force, cette énergie empêchées qui m'intéressent.[12]

Pour conclure, soulignons que le magnétophone joue dans *Viol* un rôle similaire à celui de l'appareil-photo dans *Adieu*. D'une part l'usage du magnétophone reflète le goût contemporain pour les interviews et pour l'histoire orale des "petites gens" au détriment des documents officiels et de l'histoire écrite des "grands hommes". Comme la photographie, il s'agit

---

[11] Eliacheff et Heinich vont même plus loin et affirment que "la situation décrite par Danièle Sallenave, où la mère encourage un inceste pour garder prise sur son mari renvoie à ... une situation où, derrière la volonté de préserver la paix du ménage, apparaît une volonté d'emprise sur la sexualité de la fille" (242).

[12] Danièle Sallenave, *A quoi sert la littérature?*: 115.

d'un nouveau type de mémoire et d'archive du vécu. D'autre part l'enregistrement magnétique permet à l'écrivain de faire entendre la véritable langue parlée d'aujourd'hui. Sallenave ne se contente pas de rendre le vécu des *gens de peu* avec exactitude: elle restitue aussi leur parole avec une scrupuleuse précision qui renforce la dimension éthique de ses récits.[13]

---

[13]Comme Pierre Sansot, Sallenave souligne qu'il existe un parler populaire distinct de la pseudo-langue des media et de l'argot des banlieues. Sur ce point, voir "Fracture linguistique et fracture sociale" dans *A quoi sert la littérature?*: pages 35-65.

Chapitre 4

Féminisme et postféminisme

La Vie fantôme, le quatrième roman de Danièle Sallenave, a connu un véritable succès auprès du grand public.[1] Il s'agit d'une ré-écriture du *Voyage d'Amsterdam*, mais sur le mode réaliste. Ce texte contient une étude très fine et très lucide – certainement dénuée de toute pudibonderie – des réalités d'un adultère aujourd'hui. Pierre, trente-sept ans, est professeur dans un lycée de province. La femme de Pierre, Annie, est cadre dans une banque. Mariés depuis une dizaine d'années, ils élèvent deux enfants. Laure, vingt-six ans, est bibliothécaire. Célibataire, elle accepte en toute connaissance de cause d'avoir une liaison avec Pierre. La jeune femme n'impose rien à son amant: elle n'exige de lui ni garanties ni promesses. Pierre et Laure connaissent ensemble des moments charnels très forts. Pendant quatre ans, ils partagent les joies équivoques de la clandestinité. Mais progressivement leur relation évolue et Laure s'interroge. A-t-elle vraiment trouvé auprès de Pierre le bonheur, la *vraie vie*? Ou bien ne s'agit-il, en fin de compte, que d'un simulacre de bonheur, d'une *vie fantôme*?

Plusieurs critiques ont affirmé de ce livre qu'il était une apologie de l'adultère; d'autres y ont vu au contraire un éloge du mariage.[2] Cependant la perspective adoptée par Sallenave dans *La Vie fantôme* n'est ni provocatrice ni moralisatrice. Avant tout, l'écrivain veut montrer que le

---

[1] Le roman a été traduit par Lydia Davis sous le titre de *Phantom Life* pour Pantheon Books en 1989. Il a été adapté pour le grand écran par le cinéaste canadien Jacques Leduc en 1992.

[2] La question est évidemment de savoir si l'on peut identifier complètement le point de vue de l'auteur et celui de Laure. Jacqueline Forni pense que oui. Selon elle, l'héroïne de Sallenave prend conscience avec un certain désenchantement que le mariage est la vraie voie, "dévaluant au nom de la vraie vie que serait l'union instituée les moments parfaits qu'a vécus Laure avec Pierre" (10). Notre position, comme on va le voir, est plus nuancée.

scénario classique de l'adultère, qui a dominé le roman du XIXe siècle, est maintenant dépassé. D'une part il est clair que les risques de l'adultère – les sanctions légales et les conséquences médicales – ne sont pas les mêmes pour les femmes d'aujourd'hui que pour les femmes du siècle dernier. D'autre part l'évolution du mariage bourgeois et l'évolution du rôle des femmes dans la société confèrent à l'adultère contemporain un sens différent. Sallenave souligne par exemple que les mots "amant" et "maîtresse" n'expriment pas vraiment la situation de Pierre et de Laure: ces mots renvoient à une autre époque, à un autre rapport entre les sexes. Il en va de même pour le mot "liaison" ou pour le mot "passion": pour décrire le lien qui unit Pierre à Laure, Sallenave préfère employer le mot "entente" (VF: 179) qui lui semble plus juste. *La Vie fantôme* propose par conséquent un regard nouveau sur l'adultère. D'une part le livre ne présente ni sublimes amours ni liaisons dangereuses mais au contraire une relation très libre qui peut choquer le lecteur. D'autre part l'auteur souligne que Laure n'est ni manipulée ni exploitée par Pierre. L'héroïne de ce livre est une jeune femme réfléchie et autonome qui, comme beaucoup d'autres jeunes femmes de sa génération, n'éprouve guère d'attirance pour le mariage et la vie de famille. L'entente secrète qui l'unit à son amant est donc pour Laure autant le fruit de la passion que le signe de son indépendance. Jacqueline Forni souligne ce point important:

> Dans *La Vie fantôme*, la situation archi-classique de l'adultère est actualisée par le fait que Laure tient pour négligeable que Pierre soit marié... Entre les deux institutions que sont le mariage et l'adultère,... Laure veut croire à une troisième voie, celle de l'amour libre, sans statut, dont seuls les amants connaissent la véritable nature. (9)

Mais Laure trouve-t-elle vraiment dans cette entente un épanouissement authentique? Et cette union libre est-elle vraiment le signe de son émancipation? Pour répondre à ces questions, nous allons examiner dans un premier temps comment Sallenave oppose dans son livre "la vie séparée" de Laure à la "double vie" de Pierre. Dans un second temps nous allons examiner comment "la vie fantôme" de Pierre et de Laure s'oppose à la "vie commune" de Pierre et d'Annie, au double sens de cette expression.

1. *la vie séparée et la double vie*

La première partie de *La Vie fantôme* (chapitres 1 à 9) raconte la rencontre de Pierre et de Laure, leurs premiers rendez-vous dans l'appartement de la jeune femme. Ces pages évoquent l'âge d'or de leur relation, "l'époque où presque rien n'avait encore compromis l'illusion" (VF: 133). L'auteur décrit le bonheur physique des deux amants à travers des scènes érotiques très fortes. Mais l'auteur souligne que, surtout pour Laure, cette relation dépasse le simple plan du plaisir sexuel. Laure éprouve pour Pierre un attachement vif et sincère. Elle découvre auprès de lui des sentiments qu'elle avait ignorés jusque-là. La passion n'est-elle pas le révélateur secret des êtres? Et la gratuité de leur amour n'est-elle pas la preuve de sa force? C'est pourquoi Laure accepte de vivre dans cette situation caduque. "A Laure le sentiment s'était révélé dans toute sa pureté, mettant définitivement de côté les questions épineuses de la vie, les engagements, la maison, les enfants" (VF: 124).

En écartant le mariage et la maternité, il semble à Laure qu'elle a échappé à une grande imposture. Cependant il entre quelque chose d'extrêmement ambigu dans son attitude. D'une part cet amour passionné qu'elle porte à Pierre flatte profondément l'amour-propre de Laure. La jeune femme se sent supérieure aux autres femmes qui exigent de leurs partenaires un certain engagement et une certaine sécurité. "Pendant tout un temps, Laure fut comblée de bonheur, puisque c'est dans le sentiment d'être une exception qu'elle en trouvait la source la plus féconde" (VF: 184). Il est clair que la jeune femme recherche dans la passion amoureuse un mode de vie intense et supérieur qui l'arracherait, comme par magie, aux trivialités et aux vicissitudes de la vie quotidienne. "Là était la fierté de Laure: cet amour, assurément, les séparait du monde, mais il les séparait aussi de la vulgarité et de la pauvreté de la vie ordinaire" (VF: 180). C'est cela qui est inauthentique en Laure: non pas le sentiment amoureux lui-même, qui est très profond et très sincère, mais la recherche de l'absolu dans l'amour, le choix d'un idéal soustrait aux contingences de la vie ordinaire. Christian Garaud note avec justesse: "Dans sa condamnation de la vie ordinaire, la fierté de Laure est mal fondée et ressemble à du bovarysme" (112).

D'autre part il est clair que Laure ne sacrifie nullement à Pierre l'idéal du mariage et de la maternité dont elle ne ressent pas vraiment – ou pas encore – le besoin. Tout se passe au contraire comme si le mépris des conventions sociales avait inhibé chez elle le désir de fonder un foyer. Évidemment le refus du mariage ou le refus de la maternité n'est pas une trahison de nature – sauf à dire que le mariage et la maternité constituent l'unique vocation des femmes. Cependant il apparaît que Laure s'est attachée à Pierre en partie pour retarder l'heure des vrais choix. Il entre donc un peu de naïveté mais aussi un peu de mauvaise foi dans l'attitude de Laure. Certes la jeune femme vit avec Pierre une véritable passion et de grands moments de bonheur; mais elle se sent flouée parce qu'ils n'ont pas de véritable vie commune. "Il n'était pas sûr que Laure eût voulu nécessairement 'construire quelque chose' avec Pierre: cela lui était peut-être étranger; mais il n'aurait pas fallu que le contraire lui fût imposé" (VF: 160).

La deuxième partie du roman (chapitres 10 à 17) évoque l'enfance, la jeunesse et les études de Pierre et de Laure. Ce retour en arrière est important: il permet de mieux comprendre la personnalité des deux amants et de mieux saisir ce qui les unit. Contrairement à Annie, Pierre et Laure sont issus d'un milieu très modeste. Leurs études ont beaucoup compté pour eux car elles ont été l'instrument de leur affranchissement intellectuel et de leur ascension sociale. Il existe donc entre Laure et Pierre, en plus de leur complicité physique, une certaine complicité sociale. Sallenave décrit à travers Pierre et Laure la "moyennisation" de la société française au cours des années 70. Les deux personnages possèdent dans ces pages une dimension sociologique: ils reflètent l'expérience de toute une génération.

La deuxième partie du roman montre aussi comment Laure va prendre progressivement conscience des limitations de son entente avec Pierre. D'une part Laure remarque que cette liaison secrète l'oblige à adopter une attitude passive. La jeune femme ne peut pas téléphoner librement au domicile de Pierre; elle ne peut pas le voir à l'improviste; elle doit régler l'emploi du temps de ses journées sur l'emploi du temps de Pierre – c'est-à-dire sur l'emploi du temps de sa femme et de ses enfants. D'autre part Laure remarque que les périodes de séparation l'emportent largement sur les quelques instants de bonheur qu'elle partage avec son amant. Que faire durant les longues heures où elle attend la venue de Pierre? Que faire durant les tristes heures qui suivent son départ?

Comment "meubler" tout un après-midi lorsque Pierre est contraint d'annuler leur rendez-vous à la dernière minute? Ces nombreux "temps morts" renforcent évidemment chez Laure le sentiment de mener une "vie fantôme".[3] Enfin la jeune femme constate que les activités qu'elle mène avec Pierre sont peu nombreuses et peu variées. Les deux amants ne peuvent ni sortir ensemble au cinéma ni faire des courses dans la petite ville où ils habitent sans courir le risque de rencontrer des amis ou des collègues. Laure et Pierre sont donc obligés de se cloîtrer, d'occuper leurs loisirs par de longues conversations et par quelques lectures en commun. Laure croyait au départ que son entente avec Pierre était l'expression de sa liberté contre les conventions, de sa sincérité contre l'hypocrisie. La jeune femme comprend à présent que cette entente l'enferme dans une convention au second degré. L'adultère n'est-il pas toléré socialement tant qu'il ne remet pas en cause la vie de famille ou le travail des partenaires? L'union libre avec Pierre ne la condamne-t-elle pas à une certaine dissimulation et à une indéniable dépendance?

Précisons ici la position respective des deux partenaires. Laure est en deçà du mariage. Pierre est au-delà. Laure est à l'âge des premiers amours. Pierre est à l'âge des seconds amours. Laure veut vivre une grande passion pour échapper à la "vie ordinaire" (VF: 180). Pierre cherche à échapper à sa "vie rangée" (VF: 123) et à revivre sa jeunesse. La dissimulation et la discontinuité imposées par cette relation font souffrir Laure: leur "vie séparée" (VF: 164) n'est pour elle qu'un "simulacre de vie" (VF: 164). Mais cette dissimulation et cette discontinuité donnent au contraire un certain piment à l'existence de Pierre. Depuis la rencontre de Laure, Pierre mène une vie nouvelle dans laquelle le risque, l'imprévu et la spontanéité ont retrouvé leur place. Il lui semble que cette "double vie" (VF: 137) reflète mieux les deux parties opposées de sa personnalité – le goût du plaisir et le sens du devoir. "Dans chacune des parties de ma vie, je suis entier" (VF: 238), affirme-t-il. Plus encore que de la duplicité, il existe donc une certaine division dans l'âme de Pierre. D'une part Pierre est déchiré entre deux rôles masculins dominants: "l'homme dur" et

---

[3]Sallenave montre qu'à l'inverse, lorsque Pierre et Laure se retrouvent ensemble, leur rythme de vie est souvent frénétique: "En une demi-journée, parfois moins, il leur était arrivé de condenser un jour et une nuit d'un couple 'normal', de se remettre au lit, à trois heures, de le refaire à cinq heures et de dîner la demi-heure suivante" (VF: 162).

"l'homme doux", l'homme des conquêtes et l'homme des compromis, l'amant et l'époux. La relation adultère est pour lui une sorte d'exutoire: une compensation secrète qui corrige son rôle "dévirilisé" de jeune père de famille[4]. Mais d'autre part Pierre traverse la crise de la quarantaine. Il ne comprend pas que le sentiment violent qui le pousse vers Laure exprime la révolte du corps face au fléchissement de l'âge.[5] Il ne comprend pas que sa passion pour Laure est une passion passéiste, une régression. Pierre cherche à retrouver sa vie d'étudiant auprès de la jeune femme: il cherche à revivre l'époque où son avenir n'était pas encore défini mais se tenait ouvert devant lui à l'état de promesse. C'est pourquoi Pierre décide soudainement de se remettre au travail. Comme autrefois, lorsqu'il préparait le concours de l'agrégation, il projette d'écrire un essai sur *Le Lys dans la vallée* dans lequel il analyserait les contradictions de l'amour romantique. L'héroïne de Balzac, mariée au comte de Mortsauf mais amoureuse du jeune Félix de Vandenesse, n'est-elle pas plongée dans le même dilemme que Pierre? Et ne résume-t-elle pas pour lui toutes les séductions de la féminité: l'amie passionnée qu'est Laure et l'épouse fidèle qu'est Annie? Évidemment, les efforts de Pierre seront de courte durée et n'aboutiront à rien. Pierre se soucie peu en effet de la conception balzacienne de l'amour: il cherche simplement à redoubler sa "double vie" d'un point de vue romanesque.

La troisième partie (chapitres 18 à 26) montre comment l'entente de Pierre et de Laure va progressivement se briser contre la réalité du mariage de Pierre, c'est-à-dire contre l'attachement instinctif que celui-ci porte à sa femme et à ses enfants. L'entente de Laure et de Pierre se dégrade par une série de petits accrocs: mais à chaque fois la jeune femme tâche de se donner le change. Jacqueline Forni souligne:

> L'auteur analyse avec justesse le processus psychologique si invraisemblable mais si réel qui consiste, après chaque désillusion, à reconstruire son roman personnel... Laure porte son amour à bout de bras... Elle finit par vivre hors d'elle-même, dans un total sentiment d'irréalité... Il lui semble que Pierre est attaché à son mariage moins par un choix que par une fatalité et que c'est l'institution qui est coupable. (9)

---

[4]Sur ce point, voir Elisabeth Badinter, *XY: De l'identité masculine*: 186-226.
[5]Un épisode comique raconte comment, pour lutter contre une calvitie naissante, Pierre décide de se laisser pousser la moustache. Laure est évidemment surprise par ce geste dont elle ne peut saisir le sens.

Effectivement, il est fascinant d'observer dans cette troisième partie comment Laure choisit d'ignorer à plusieurs reprises les défaillances de son partenaire. Un jour, cependant, la mesure est comble: Laure doit faire face à la réalité. La scène se déroule dans le Calvados, dans une villa située au bord de la mer, où Pierre et Laure se retrouvent en secret pour une semaine de vacances. Les premiers jours, tout se passe à merveille: les deux amants connaissent un bonheur sans mélange. Ils se promènent sur la plage, ils fréquentent les restaurants du port, ils circulent librement dans les rues du village. Mais le cinquième jour, l'arrivée inopinée d'Annie précipite les événements. Lorsqu'il aperçoit la voiture de sa femme devant la maison, Pierre est mis au pied du mur. Va-t-il révéler à Annie l'existence de Laure? Va-t-il au contraire tenter de dissimuler sa présence? Cet épisode aurait pu donner lieu à une scène de vaudeville. "Mais plus j'avançais dans la rédaction de cet épisode," explique Sallenave, "plus je l'épurais, interdisant toute possibilité d'un coup de théâtre, pour ne laisser subsister que ce qui manifestait l'essence des rapports dans le livre" (MPR: 16). L'arrivée d'Annie sert en effet de révélateur dans le roman. Pas une seconde Pierre n'hésite: il fait déguerpir Laure. "La honte montait en elle avec la colère" (VF: 273).

Laure parvient à quitter la villa sans laisser de traces. Annie s'installe avec Pierre sans se douter de rien. En apparence, rien n'a changé. Cependant Laure a pris conscience de la faiblesse de caractère de son amant. Elle a aussi pris conscience de la profonde dépendance des hommes à l'égard des femmes, de leur incapacité "d'assumer seuls leur subsistance quotidienne: de se nourrir, de se vêtir, de vivre" (VF: 275). Après cet épisode humiliant, il est évident que l'initiative d'une rupture devrait venir de Laure car Pierre ne verra jamais la nécessité d'une rupture, ni avec Laure ni avec Annie. Pierre jouit des avantages que lui procure sa double vie; il souffre peu de ses inconvénients. "A quoi bon perdre, en vivant avec Laure, ce que lui apporterait, justement, leur séparation" (VF: 160)? Cependant Sallenave répugne à conclure son roman par une scène de rupture qu'on pourrait prendre pour une leçon de morale vengeresse contre les hommes. L'auteur préfère laisser aller l'entente de Pierre et de Laure à la dérive: elle préfère montrer comment les deux personnages vont s'éloigner peu-à-peu l'un de l'autre. Laure a encore bien du chemin à faire dans la vie. Va-t-elle prendre un jour sa vie en main? Va-t-elle se ranger à la loi commune? Nul ne le sait. Mais il est clair que la jeune femme a mûri au cours de cette expérience. Elle a compris tout ce qui distingue l'entente de deux amants et l'union de deux époux. "La mort seule pouvait consacrer solennellement la dédiction d'un être à un autre être... La mort donnait au mariage non seulement son terme mais sa dignité: comme elle la conférait au quotidien qui, sans cela, n'eût été qu'une succession de tâches sans importance, partagées" (VF: 282). Exclus de la mort et de la vie quotidienne, Laure et Pierre sont donc exclus de la réalité. C'est pourquoi leur entente apparaît maintenant aux yeux de Laure comme une chose artificielle et froide, "une vie fantôme" (VF: 282).

2. portraits de femmes

Josyane Savigneau a bien noté qu'au fond "c'est le mariage, beaucoup plus que l'adultère, qui est au centre de *La Vie fantôme*" (15). Mais de quel mariage s'agit-il? S'agit-il du mariage d'autrefois, dans lequel l'homme est désigné par la loi comme le chef de la famille et la femme est reléguée à une condition inférieure, intermédiaire entre son époux et les enfants qu'elle doit éduquer? Ou bien s'agit-il du mariage d'aujourd'hui, un mariage marqué par l'égalité juridique des deux époux, par un meilleur partage des droits et des devoirs, par une meilleure distribution des tâches domestiques? Le chapitre 4 de *La Vie fantôme* brosse le portrait du couple moderne en décrivant le ménage de Pierre et d'Annie. Ce chapitre souligne dans un premier temps que c'est Annie – et non Laure – qui incarne les principales victoires du féminisme moderne: la maîtrise de la reproduction, l'égalité juridique au sein de la famille et l'insertion dans le monde du travail. D'une part Annie est une femme énergique, à l'esprit pratique, très douée pour les affaires. Contrairement à Pierre qui stagne professionnellement, Annie progresse rapidement dans la banque. C'est elle qui apporte la plus grosse part de revenu au ménage. D'autre part Annie ne néglige nullement sa famille. Malgré ses journées chargées, Annie tient sa maison avec soin; elle élève ses deux enfants avec amour. Annie fait face sans tricher à toutes ses responsabilités: c'est une compagne sur qui Pierre sait qu'il peut compter. Ce chapitre souligne dans un second temps que l'idéal du couple moderne correspond à une alliance entre deux individus plutôt qu'à une fusion. Cette alliance est basée sur la symétrie et sur la réciprocité, non sur la symbiose. Il existe ainsi entre

Pierre et Annie un respect mutuel et une véritable camaraderie. Dans ce couple égalitaire les rôles sexuels sont plus souples et les tâches parentales sont presque interchangeables. Même la répartition des rôles inconscients se détache du modèle patriarcal: à Pierre la fantaisie, à Annie le sérieux.[6]

Nous avons vu plus haut que l'attitude de Laure vis-à-vis du mariage reflète l'animosité plus ou moins déclarée de toute une génération contre les conventions du mariage bourgeois. Laure voit avec justesse dans le mariage traditionnel le lieu de l'abaissement des femmes. Cependant il est clair que le mariage égalitaire moderne a rompu avec cet ancien modèle. Laure ne devrait-elle pas tenter, en toute bonne logique, de fonder un foyer sur ce plan d'égalité? Cependant il existe chez Laure une certaine défiance à l'égard du couple moderne qui produit selon elle non des êtres égaux et complémentaires, comme on le prétend, mais "des êtres incomplets, dépendants à jamais l'un de l'autre" (VF: 276). Pour Laure, le mariage étouffe l'individu. Pourquoi attacher sa vie à celle d'un autre? Pourquoi l'y réduire et l'y confondre? Le "je" est condamné à se déformer dans le "nous" sans jamais s'y enrichir ou s'y épanouir. Il existe donc chez Laure un blocage complexe, à plusieurs niveaux. D'une part il est clair que le rôle de la femme traditionnelle – la femme épouse et mère au foyer – ne saurait convenir à Laure. D'autre part il est clair que l'idéal de la femme émancipée – la femme performante dans le monde du travail – ne saurait la satisfaire non plus. Laure répugne à se "féminiser" dans la maternité; elle répugne aussi à se "viriliser" dans une profession. Enfin, sous le couvert d'un esprit indépendant, il existe chez Laure un fort penchant narcissique qui se traduit par le refus des responsabilités. Au fond, Laure répugne au mariage parce qu'elle demeure prisonnière de deux illusions romantiques contradictoires: l'autonomie absolue de la personne et la fusion absolue de la passion.[7]

---

[6]Concernant les mutations du couple moderne, voir Elisabeth Badinter, *L'Un est l'autre*: 305-335.

[7]Jacqueline Forny note avec justesse que dans *La Vie fantôme*, paradoxalement, "c'est l'épouse trompée, la femme légitime, qui est perçue comme la rivale de tous les instants" (9). Ce renversement du thème de la jalousie est important et s'affirme tout au long du roman. Ajoutons ici qu'il existe peut-être chez Laure une jalousie non seulement à l'égard de la "femme légitime" mais aussi à l'égard de la "femme émancipée" qu'est Annie.

Outre Annie et Laure, *La Vie fantôme* présente deux autres portraits de femmes très réussis. Le chapitre 12 décrit d'abord Nicole, la belle-soeur de Laure. Nicole est une jeune fille modèle, patiente et décidée, qui manoeuvre habilement en s'appuyant sur les lois biologiques de l'espèce et sur les conventions sociales qui y correspondent pour se procurer un beau parti. "Il n'y avait cependant en elle aucun cynisme avoué, aucun calcul, seulement l'application calme et joyeuse d'une loi en laquelle on avait toute confiance et qui légitimait votre action" (VF: 123). Nicole tient dans le roman le rôle traditionnel de la jeune fille . Pour elle, la vie est toute tracée d'avance et répond à un code déterminé: flirt, fiançailles, famille, foyer. A l'opposé de Nicole se trouve Ghislaine, une collègue de Laure à la bibliothèque. Ghislaine est une jeune femme un peu vulgaire et délurée, qui a choisi d'emblée de suivre "un chemin aventureux, chaotique, qui la menait d'une *histoire* à une autre *histoire*" (VF: 124). Ghislaine se soucie peu du mariage: elle passe de partenaire en partenaire, croyant trouver à chaque fois le grand amour. Très consciente de son pouvoir sensuel sur les hommes, Ghislaine incarne une sexualité sans complexes mais inauthentique. Ghislaine a rejeté le rôle de femme fidèle et d'épouse dévouée que lui assignait la société; mais elle demeure soumise à la domination masculine qu'elle suscite par ses provocations. Au total Laure éprouve une fascination mêlée de répulsion lorsqu'elle observe les simagrées de Nicole et les minauderies de Ghislaine: la fatalité de l'aventure chez la première lui paraît aussi écoeurante que la fatalité du mariage chez la seconde. Cependant il existe un rapport structural entre ces quatre portraits de femmes: de même que le mariage de Nicole représente le portrait outré, bourgeois et conventionnel, du mariage d'Annie et de Pierre, de même les aventures de Ghislaine représentent le portrait outré, vulgaire et caricatural, de l'entente de Laure et de son amant.[8]

Danièle Sallenave a essuyé pour *La Vie fantôme* les mêmes critiques que Simone de Beauvoir pour *La Femme rompue*. Certains lui ont reproché la banalité de la situation décrite et l'ambiguïté de son

---

[8]Je laisse de côté le portrait de Babeth, l'infirmière avec laquelle Pierre a eu autrefois une liaison de courte durée. Babeth incarne l'aspect purement physique de l'amour. "Avec elle, il avait justement appris que tout ne s'apprend pas; que des rencontres imprévues sont toujours possibles; qu'on peut s'entendre à demi-mot et surtout ne rien chercher à construire" (VF: 154).

héroïne. D'autres lui ont reproché de ne pas avoir condamné plus clairement l'attitude de Pierre et de refléter ainsi le discours dominant. D'autres enfin lui ont fait grief d'employer une écriture analytique qui ne rendait pas vraiment compte de l'expérience féminine.[9] Mais la beauté ensorcelante du livre ne tient-elle pas à ce contraste volontaire entre la rigueur de l'écriture et la banalité du sujet, entre la précision des analyses et le flottement de l'héroïne? Certes la position de Laure est difficile à définir car elle se situe à mi-chemin de la récrimination féminine et de la revendication féministe; mais c'est justement ce qui la rend si crédible à nos yeux. En tout cas on ne saurait prétendre que le point de vue adopté par Sallenave reflète le discours dominant. D'une part l'écrivain présente le point de vue de Laure et le point de vue de Pierre en proportions à peu près égales et de façon équitable. D'autre part l'écrivain adopte à plusieurs reprises un point de vue objectif pour offrir au lecteur une véritable réflexion spéculative sur l'évolution du mariage et de l'adultère aujourd'hui. Comme l'a noté Jean-Pierre Salgas, cette technique narrative, inspirée des romans de Milan Kundera, n'est pas neutre mais nuancée: "elle permet de tourner autour de l'adultère, en variant les points de vue, comme pour en atteindre l'essence" (ELL: 12).

Ceci dit, il est vrai que Sallenave s'oppose aux thèses de "l'écriture féminine". Même si elle accepte sans difficulté le fait évident que les hommes et les femmes utilisent le langage différemment, elle n'est guère convaincue par l'idée que le langage des hommes et le langage des femmes sont d'une nature différente. Certaines féministes estiment qu'il est nécessaire de "resexuer" l'écriture, de réinscrire la "différence sexuelle" dans la pseudo-neutralité du langage. En mettant l'accent sur la "jouissance féminine", c'est-à-dire en mettant en scène le corps physiologique et le corps fantasmatique des femmes, elles veulent corriger l'image faussée de la féminité véhiculée par le discours dominant. Pour faire entendre la voix féminine étouffée, l'écriture féminine recourt à une transgression des règles du discours abstrait et linéaire, de la composition ordonnée et logique, qui ignore la réalité de l'inconscient et la dynamique du corps. Or la voix narrative chez Sallenave est au contraire nette, lucide et assurée. Son écriture est maîtrisée et rigoureuse, orientée vers un but

---

[9] Concernant la réception de *La Femme rompue*, voir Elizabeth Fallaize: 169-71, Catharine Brosman-Savage: 93-94 et Lucy Stone-McNeece: 73-74.

précis et tournée vers la description de la réalité sociale. L'auteur explique:

> Les grands écrivains d'une langue sont ceux qui se situent non pas dans l'écart par rapport à celle-ci, mais dans son droit fil, et qui l'explorent complètement... Depuis que j'ai commencé à écrire, je me suis rendu compte que je ne suis pas à la recherche d'un style, d'une marque personnelle d'écart, d'une compétence individuelle à l'intérieur de la langue, mais au contraire que je cherche à me rapprocher le plus possible du "génie de la langue" sous ce double aspect analytique-oratoire. (ELL: 11)

Sallenave rejette donc en bloc les analyses d'Irigaray, Leclerc, Duras, Cixous et Wittig sur la différence, la jouissance et la parole féminines. Pour elle, il n'y a pas d'écriture féminine parce qu'il n'y a pas de nature féminine. En posant l'existence d'une nature féminine, ne risque-t-on pas de maintenir les femmes dans un statut dicté par la biologie?

> Le féminisme lui-même ... n'a-t-il pas été pris à ce piège lorsqu'il a voulu dépasser et dénoncer les revendications égalitaires et universalistes des femmes et introduire la définition si risquée d'une spécificité féminine, jusque dans l'art d'écrire, dans la syntaxe, réputée plus coulante que celle des mâles, parce que plus proche des liquides naturels et du flux menstruel?[10]

Comme Simone de Beauvoir, Sallenave estime que la féminité est pour une bonne part une construction de l'ordre symbolique masculin. La tâche des femmes consiste donc à dénoncer cette féminité convenue, tout en veillant à ne pas tomber dans une nouvelle *mystique féminine*. Sallenave distingue nettement sexe et genre: c'est-à-dire le sexe comme donnée biologique et le sexe comme modèle psycho-social. S'il existe bel et bien deux appareils sexuels, masculin et féminin, la physiologie ne saurait cependant fonder des valeurs. L'identité sexuelle est culture plus que nature: c'est pourquoi les femmes doivent lutter contre les lois et les moeurs sociales qui reposent sur de fausses déterminations biologiques. Ce refus de l'essentialisme s'accompagne chez l'auteur d'un engagement résolument universaliste. Pour Sallenave, l'affirmation des droits politiques des femmes nécessite une certaine perspective universaliste.

---

[10]BSR: 6. Dans *A quoi sert la littérature?*, Sallenave souligne sa complicité avec des femmes écrivains comme Florence Delay, Annie Ernaux et Catherine Lépront. Mais elle ajoute aussitôt: "Sans aucune référence à une prétendue *écriture féminine*" (100).

> Existe-t-il un critère plus juste et plus exact pour évaluer l'état des moeurs et des lois dans une société, que la séparation prétendument naturelle entre des catégories sexuelles, ethniques, raciales, que la supériorité revendiquée par un groupe sur tous les autres, que le déni d'une appartenance égale au genre humain? (LHM: 8)

Contrairement aux féministes de la différence, Sallenave estime que le féminisme ne doit pas rompre avec l'idéal universaliste des Lumières. Nombreux sont les critiques qui ont montré depuis deux siècles les aveuglements et les faiblesses de cet idéal. Mais pour Danièle Sallenave, comme pour Pauline Johnson, l'esprit des Lumières ne saurait se confondre avec une étroite idéologie rationaliste. Plus qu'une doctrine définie par des principes fixes, c'est un projet culturel ouvert et dynamique. L'esprit antidogmatique des lumières affirme le perfectionnement toujours possible de la personne et de la société. On peut donc définir la position de Sallenave comme une allégeance sans ambiguïté et sans complexe au concept de l'universalisme.

Dans ses écrits, Sallenave oppose donc les féministes universalistes aux féministes différencialistes de façon très tranchée. Elle rejette à la fois l'écriture féminine et le différencialisme anglo-saxon:

> Je suis persuadée que la défense d'une spécificité féminine, telle qu'elle se développe aux États-Unis, au Canada, ou dans les positions du politiquement correct, rejetterait les femmes vers une définition de nature, à laquelle il a été si difficile de les arracher. Je n'ai successivement accepté ni les critères de définition d'une écriture féminine, ni ceux d'une syntaxe masculine, ni d'être appelée écrivaine ou professoresse. Car il n'y a de liberté pour l'être humain, homme ou femme, que dans un effort constant d'arrachement à toutes les déterminations; et ce n'est pas un choix libre que de revendiquer ce qui est, au départ, un donné imposé.[11]

Ceci dit, Sallenave sait bien que la féminité n'est pas un pur

---

[11]LHM: 8. Je laisse ici de côté la polémique qui oppose en 1995 Naomi Schor et Christine Delphy à propos de la construction artificielle et réductrice d'un féminisme universaliste "à la française" dans les départements de Women's Studies américains. Inversement je laisse de côté les amalgames grossiers établis par certains groupes féministes français – et parfois par Sallenave elle-même – à propos d'un postféminisme différencialiste "à l'américaine".

produit de la domination masculine, destiné à s'effacer avec elle. A aucun moment Sallenave ne confond l'égalité et l'identité. Pour elle, la libération des femmes n'a pas pour but d'abolir la différence sexuelle mais plutôt de dégager celle-ci de ses aspects aliénants et réducteurs. Élisabeth Badinter a fait observer qu'en écartant peu-à-peu les constructions idéologiques du système masculin dominant, la société contemporaine constate que la féminité, comme la masculinité, appartient aux deux sexes. L'être humain est duel, et cette reconnaissance est la condition de sa liberté. On peut donc opposer ce dualisme psychique, c'est-à-dire la structure androgyne de la personnalité, au différencialisme féministe, qui est communautariste et biologisant. Ce dualisme psychique ne correspond ni à une féminisation du masculin ni à une virilisation du féminin – ni même à une neutralisation du masculin et du féminin – mais à une alternance de ces deux modes.[12] Dans un passage très significatif de son journal, Sallenave note:

> Me regardant ce matin dans la glace de la salle de bain, je vois une femme mais comme animée de la force singulière d'un jeune homme. Oui, femme, sans aucun doute, mais femme en quoi? Ayant réduit ce par quoi on définit d'ordinaire une femme à une relation avec des hommes la plupart du temps secrètement gardée, je me sens intégralement femme, mais sans aucun autre trait spécifique. *Ni mère, ni épouse.* (PE: 192)

Cette scène au miroir est frappante. D'une part l'auteur oppose en les superposant le corps matériel au corps fantasmatique, la forme d'une femme à la force d'un jeune homme. Elle dessine ainsi une nouvelle identité où se profile la silhouette de l'androgyne. Mais d'autre part l'auteur souligne que son expérience absolue de la féminité – ni mère ni épouse – coïncide très exactement avec la consécration à l'écriture. "Je n'ai voulu d'aucune autre incarnation" (PE: 192), affirme-t-elle. Le mot

---

[12]Malgré ses réticences à l'égard de la psychologie des profondeurs, Élisabeth Badinter doit admettre que Jung a été plus lucide que Freud concernant l'androgynie psychique. Sur ce point, voir *XY: De l'identité masculine*: 248. Jung a montré que le développement de l'androgynie psychique est un processus universel qui repose sur un certain nombre d'étapes qui sont cependant différentes pour les hommes et pour les femmes. Hélène Cixous s'est élevée avec vigueur contre les positions de Jung pour marquer l'irréductibilité de l'homosexualité à l'androgynie psychique, notamment dans *La Jeune Née*: 155-159. Pour une discussion détaillée de ces questions, je renvoie à l'excellente synthèse de Guy Bouchard: 21-29.

"incarnation" est pour nous révélateur. Il signifie que le passage à l'écriture correspond chez Sallenave à une sorte de transfert de la maternité sur le plan symbolique. Comme nous l'avons vu dans le chapitre consacré aux *Portes de Gubbio,* l'écriture devient alors le lieu fantasmatique d'une nouvelle naissance, où l'écrivain joue à la fois le rôle de la mère et de l'enfant.

3. *le débat sur la parité*

La Vie fantôme est un roman qui montre l'évolution des rapports entre hommes et femmes au cours des années 70 et 80, en soulignant certaines de leurs ambiguïtés. Mais qu'en est-il aujourd'hui? Le débat sur la parité, qui a dominé les années 90, a marqué un tournant pour la question féministe en France. Les grandes victoires des femmes en France, des années 60 aux années 80, étaient liées à la sphère privée, à la famille, à la procréation et à l'autonomie personnelle[13]. Le débat sur la parité, en revanche, relève directement de la sphère publique, c'est-à-dire du domaine des institutions politiques. Nous avons noté que Sallenave ne proposait pas une réfutation détaillée de l'écriture féminine: les théories de la différence et de la parole féminines, produits dérivés du derridisme et du lacanisme, relèvent en effet d'un féminisme assez élitiste et assez intellectuel, sans prise sur la réalité politique et sociale. Mais les thèses défendues par les féministes proparitaires marquent la conjonction d'une revalorisation des femmes sur la scène politique et d'une revalorisation féministe de la maternité, déboutant les féministes universalistes de leurs positions traditionnelles[14]. Il est clair que le contexte a changé. Sallenave s'est engagée avec vigueur dans ce débat. Analysons rapidement son déroulement.

En 1982, le conseil constitutionnel avait cassé un projet de loi préparé par le ministre socialiste des droits de la femme, Gisèle Halimi, qui prévoyait un quota féminin pour les candidats aux élections municipales. Le conseil constitutionnel avait rejeté ce texte en arguant que le principe

---

[13]Sur ce point, je renvoie à la synthèse de Claire Duchen, *French Feminism*: 125-34.

[14]Pour une analyse approfondie de cette polémique, je renvoie à l'essai de James Corbett: 882-90.

de l'universalité, qui est au fondement même de la république française, ne reconnaît que des citoyens rigoureusement égaux entre eux, c'est-à-dire sans caractéristiques sociales, sexuelles, raciales, culturelles ou religieuses. En 1992, le livre de Françoise Gaspard, Claude Servan-Schreiber et Anne Le Gall, en soulignant la scandaleuse sous-représentation des femmes aux assemblées et au gouvernement, relance la polémique.[15] En 1993, *Le Monde* publie le "Manifeste des 577" qui réclame une nouvelle législation assurant l'égale représentation des femmes dans les diverses institutions de la république. En 1995, le parti socialiste se déclare favorable à la parité hommes-femmes sur les listes des élections législatives. Mais en juin 1996, *Le Monde* publie une tribune d'Élisabeth Badinter qui dénonce l'instauration de quotas pour les femmes dans la vie politique: la polémique divise désormais la gauche plurielle.

"Les Hommes et moi" et "Beauvoir, sans relâche" sont deux articles polémiques publiés par Sallenave dans *Le Monde* en août 1995 et en avril 1996 qui opposent féminisme et postféminisme. Alertée par l'essai de Susan Faludi qui analyse le culte de la maternité dans l'Amérique reaganienne, Sallenave se demande si la fin du siècle n'est pas aussi marquée en France par l'apparition d'un nouvel ordre moral paradoxal appuyé par les femmes. Sallenave s'étonne de la résistance des femmes d'aujourd'hui à concevoir leur identité sur le mode de l'émancipation plutôt que sur le mode de l'appartenance. N'est-on pas passé d'un antiféminisme bourgeois à un pseudoféminisme postmoderne, basé lui aussi sur de fausses évidences naturelles? Le féminisme proparitaire ne marque-t-il pas une régression au communautarisme? Évidemment Sallenave ne cache pas qu'elle souhaite une meilleure représentation des femmes dans les instances politiques. Mais elle s'étonne qu'on tire argument de prétendues qualités féminines pour cela: sens du concret et sens du compromis, esprit de convivialité et esprit de douceur. Pense-t-on sérieusement que les femmes qui gouvernent agissent différemment des hommes? Croit-on vraiment que les électeurs s'intéressent au sexe des candidats plus qu'au contenu de leurs programmes? L'écrivain souligne

---

[15]La représentation des femmes dans la vie politique est très faible en France. Les femmes ne représentent que 10% des députés de l'Assemblée nationale, 7% des maires, 2 des 26 présidents de région. La participation des femmes à la gestion des affaires est encore plus faible: à peine 4% de femmes sont présentes dans les conseils d'administration des grandes sociétés.

que les féministes proparitaires jouent simultanément sur deux tableaux. Elles réclament des droits égaux pour tous les individus et des droits spéciaux pour les femmes. L'écrivain souligne d'autre part que la réforme paritaire constitue une menace pour le modèle républicain. En faisant des femmes une catégorie à part, nantie de droits spéciaux, on ouvre la porte à une série de revendications minoritaires, comme celles qui se multiplient aux États-Unis. C'est pourquoi l'écrivain demeure farouchement hostile à la création d'un quota paritaire "qui établit de fait un numerus clausus, confirme l'existence d'un handicap et entérine l'infériorité qu'elle prétend combattre" (LHM: 8).

Sylviane Agacinski et Julia Kristeva font observer que la tendance universaliste du féminisme est plus marquée en France que dans les autres pays européens à cause de son héritage jacobin. Pour des deux auteurs, les paradoxes du féminisme moderne – oscillant entre le particulier et l'universel – ne sont que la contrepartie des paradoxes de l'androcentrisme identifiant l'universel au masculin. Agacinski fustige "l'idéologie indifférencialiste" à l'abri de laquelle se perpétue, malgré l'égalité des droits entre les deux sexes, un véritable monopole masculin du pouvoir. Loin d'aligner les droits des femmes sur les revendications des minorités, la loi sur la parité ne fait qu'inscrire "l'universalité de la différence" dans la constitution. Il est donc important de distinguer le féminisme proparitaire du modèle français de l'universalisme abstrait comme du concept américain d'affirmative action. Agacinski explique:

> Certaines Françaises farouchement antiparitaires, qui se réfugient dans l'abstraction et refusent de revendiquer leurs droits en tant que femmes, se flattent d'universalisme et accusent les Américaines de différencialisme. Nous ne devons pas nous laisser enfermer dans cette fausse alternative, qui recouvre en réalité deux façons, toutes deux néfastes, d'effacer la différence des sexes et de ne pas reconnaître son caractère universel. ("Contre l'effacement": 14)

Sylviane Agacinski et Julia Kristeva font aussi observer que les féministes antiparitaires manquent de pragmatisme. D'une part les féministes antiparitaires négligent l'égalité concrète des hommes et des femmes dans la société au profit de l'égalité abstraite des citoyens devant la loi. D'autre part elles ne proposent aucune solution pratique pour résoudre le problème de la sous-représentation des femmes dans la vie politique. Peut-on laisser simplement du temps au temps et s'en remettre à la bonne volonté des formations politiques? Suffit-il de préconiser quelques mesures incitatives? Les féministes antiparitaires s'inquiètent qu'en retenant le principe de la parité, c'est-à-dire de la discrimination positive à l'égard des femmes, le législateur n'ouvre la porte à toute sortes de revendications identitaires qui feront éclater le modèle républicain. Mais les femmes constituent-elles vraiment une minorité au sens ordinaire de ce mot? Ne représentent-elles pas au contraire la majorité de l'électorat? On ne saurait donc confondre la revendication proparitaire des femmes avec les exigences identitaires de divers groupes minoritaires constitués par la biologie, l'histoire ou le comportement. "Si d'aventure cette menace existait," note Kristeva, "le législateur pourrait parfaitement la prévenir par une clause restrictive réservant la discrimination positive aux femmes, à l'exception de toute autre catégorie sociale, religieuse ou politique" ("Le sens de la parité": 16).

"La difficile gloire de la libre existence" et "Nous revendiquons *Le Deuxième Sexe*" sont deux articles polémiques publiés par Sallenave dans *Le Monde* en janvier et avril 1999 pour répondre aux déclarations de Sylviane Agacinski et de Julia Kristeva. Dans ces articles, Sallenave reconnaît d'abord sans difficulté que les femmes ne constituent pas un groupe minoritaire dans la société. Mais cela empêchera-t-il les amalgames tendancieux des communautaristes? Existe-t-il des garde-fous institutionnels suffisamment solides pour empêcher l'éclatement du corps social en groupes rivaux et égoïstes? Sallenave répond ensuite à l'accusation d'abstraction par l'accusation symétrique d'essentialisme.

> Autour de quelques néo- ou post-féministes autoproclamées, un mouvement se met en place pour rétablir l'ordre prétendument naturel que dicte la différence des sexes ... (et pour) refonder le monde non plus sur les valeurs de la liberté mais sur les valeurs de la vie. (NRL: 18)

Selon l'auteur, rien ne pourra retenir le néodifférencialisme paritaire de tomber dans le déterminisme biologique. Les féministes proparitaires auront beau se défendre de tout essentialisme, affirmer qu'il s'agit là de valeurs de genre, non de sexe, le lien est évident. "D'où viendrait cette uniformité dans le comportement des femmes, s'il n'est pas biologiquement déterminé? Qu'est-ce que cette situation qui serait prétendument celle de toutes les femmes, sinon la maternité" (LDG: 14)?

Pour Sallenave, le féminisme proparitaire traduit en effet la crispation de certaines femmes face aux nouvelles technologies de reproduction artificielle et assistée, à la menace du clonage, à la fragmentation des familles et à leur recomposition en unités non traditionnelles.

> Ce qui est inquiétant, c'est de voir des femmes se mettre à la tête d'une nouvelle croisade – tout en profitant de leur situation privilégiée pour ne pas en appliquer sur elles-mêmes les principes –, et proposer aux femmes ordinaires de s'offrir en otages à ce nouvel ordre féminin masqué derrière l'éloge tentateur des valeurs de la féminité, des mystères de la maternité, des joies familiales, et des infinies ressources de l'amour maternel. (NRL: 18)

La question de la maternité est en effet un thème central dans le débat qui oppose paritaires et antiparitaires. Reprenant certaines des thèses développées quelques années plus tôt par Suzanne Lilar, Sylviane Agacinski et Julia Kristeva estiment que la liberté exaltée par Beauvoir s'est payée d'un reniement de la maternité et du corps féminin en général. Évidemment les deux auteurs savent que la maternité était une expérience aliénante à l'époque du *Deuxième Sexe*. Il était même sans doute nécessaire de rejeter le modèle maternel et de s'identifier au modèle masculin. Mais, en rejetant tout héritage "féminin", le féminisme ne s'est-il pas ensuite nourri de misogynie? Pour Agacinski et pour Kristeva, la loi sur la parité marque la revanche des femmes ordinaires sur les femmes de pouvoir. Les héritières de Simone de Beauvoir partagent "des identifications masculines telles que la maternité leur paraît oppressive, inopportune ou du moins secondaire" ("Le sens de la parité": 16). C'est pourquoi, lorsque les féministes proparitaires promettent un destin politique à toutes les femmes, ces militantes virilisées se sentent menacées dans leur compétence et dans leur identité.

Sallenave refuse de voir dans *Le Deuxième Sexe* une diatribe antimaternité. Elle rappelle que Beauvoir ne condamne pas la maternité en soi, mais la réduction des femmes à la maternité. Les femmes ne tombent-elles pas dans un piège dangereux dès lors qu'elles acceptent de se définir par le pouvoir de procréer? "Mettre les femmes en garde contre ce piège, et ne pas avoir d'enfant soi-même, ce qui est le cas de Simone de Beauvoir, n'est donc pas un reniement ni une trahison" (LDG: 14). Évidemment, Sallenave et Badinter savent que les choses ont beaucoup changé depuis les années 60. Les conquêtes de la technologie ont renforcé la maîtrise des femmes sur le processus de la reproduction. Grâce aux analgésiques, à la péridurale, à la contraception et aux hormones, la maternité actuelle n'est plus une épreuve. La maîtrise de la fécondité permet de repenser la maternité: de la considérer comme la satisfaction d'un désir profond et comme une liberté. Sallenave souligne cependant que l'émancipation des femmes suit d'autres voies dans la société. Cette évolution se traduit notamment par de nouveaux modes de vie alternatifs:

> Célibat, maternité tardive, non-maternité assumée, couples sans résidence commune, ou encore ces nouveaux dispositifs de vie qu'on tente de nommer et de faire apparaître dans l'espace social: PACS ou adoption d'enfants par des couples non familiaux. (NRL: 18)

La parité n'est-elle pas en train d'instituer deux catégories de citoyens distincts au moment même où l'évolution des moeurs plaide en faveur de l'indifférenciation des rôles? Le 11 février 1999, quelques jours avant le vote des assemblées, Elisabeth Badinter, Évelyne Pisier et Danièle Sallenave ont fait paraître dans *L'Express* un manifeste intitulé "Trois arguments contre la parité". Ce texte est accompagné des déclarations de plusieurs femmes engagées qui s'opposent elles aussi à l'instauration de la parité. Ce groupe comprend deux sociologues, Dominique Schnapper et Irène Théry, deux psychanalystes, Caroline Éliacheff et Elisabeth Roudinesco, deux historiennes, Mona Ozouf et Michèle Riot-Sarcey, deux femmes d'affaires, Patricia Barbizet et Véronique Morali. Stella Baruk, mathématicienne, Florence Montreynaud, écrivain, et Françoise Cachin, directrice des musées de France, s'ajoutent à elles. Pour toutes ces femmes, l'inscription de la parité dans la constitution est une solution paresseuse et dangereuse qui contredit les principes mêmes d'une politique progressiste. On retrouve dans le manifeste deux des arguments discutés ci-dessus. D'une part, pourquoi tourner le dos à la république universelle? "L'histoire montre qu'on n'intègre jamais au nom de la différence mais que, en revanche, c'est toujours en son nom qu'on exclut" (52). D'autre part, pourquoi enfermer les êtres humains dans des distinctions naturelles? "En voulant donner toute leur place aux femmes, on les laisse à leur place et on renvoie les hommes aux schémas traditionnels qu'ils commençaient à abandonner" (52). On notera cependant que les observations de Sallenave et de Badinter concernant la maternité et le Pacs sont passées sous silence parce qu'elles ne font pas l'unanimité dans les rangs antiparitaires. En revanche le manifeste invoque la dimension sociale de la discrimination. Pourquoi faire de la différence féminine un absolu qui transcende toutes les catégories et ignorer les inégalités économiques et sociales dont souffrent tant de femmes? "En inventant de toutes pièces une solidarité formelle entre les femmes en tant que telles, on oublie trop facilement que toutes les femmes ne sont pas également discriminées" (52).

Quoi qu'il en soit, le débat ayant eu lieu, l'assemblée et le sénat ont tranché en faveur de la parité. Les deux chambres ont entériné un amendement constitutionnel permettant l'établissement d'un quota de 50% réservé aux femmes sur les listes électorales, sous peine d'amende pour les partis politiques. Il est vrai que les calculs les plus cyniques ont joué un rôle important dans ce vote, à droite comme à gauche[16]. Cependant, en coïncidant avec le cinquantième anniversaire de la publication du *Deuxième Sexe*, le débat sur la parité a eu le mérite de mobiliser l'opinion et de clarifier les positions de chacun, non seulement à l'intérieur de la droite libérale et de la gauche plurielle, mais aussi entre les différents courants féministes. Comme le souligne Josyane Savigneau, ce débat a permis "de substituer, une fois pour toutes, au singulier – **la** femme –, le pluriel – **les** femmes – ou mieux encore, toute idée de communauté ayant volé en éclats: **des** femmes"[17].

---

[16]Évelyne Pisier a noté que l'amendement constitutionnel concernant la parité a suscité "les jeux politiciens habituels, avec leurs surenchères, leurs hypocrisies et leurs marchandages: donnez-nous de la parité et vous cumulerez des mandats, cédez-nous les femmes et on vous appuiera contre les homosexuels" ("Contre l'enfermement des sexes": 12).

[17]Josyane Savigneau, "Elles, enfin au pluriel": 17.

Chapitre 5

L'écriture du voyage

Danièle Sallenave a voyagé par cercles concentriques. L'auteur a d'abord voyagé en Italie et en Grèce, à la fin de ses études de lettres classiques. La découverte du monde antique a nourri, nous l'avons vu, *Paysage de ruines avec personnages*. Elle a aussi donné naissance à *Rome:Fragments,* un portrait de ville qui joue sur la forme fragmentaire de l'écriture et sur le thème de la ruine comme fragment culturel. Puis, à partir du milieu des années 70, Danièle Sallenave s'est rendue régulièrement dans les pays d'Europe de l'Est. Au cours de ces voyages, l'écrivain découvre le communisme réel: elle découvre des sociétés mutilées où règnent la censure, le cynisme et la pénurie. "Voici ce que j'ai vu: l'usure des âmes autant que celle des corps, une destruction culturelle complète, non pas seulement ... des musées, des livres ... mais des comportements civils et civiques, urbains et privés" (PE: 273). Le changement de décor est brutal. L'écrivain abandonne le point de vue esthétique et la perspective archéologique qui avaient marqué jusque-là ses voyages. Aux paysages lumineux du sud succèdent le froid, la neige, la brume sur des fleuves gelés. Aux ruines des temples antiques succèdent les entrepôts délabrés des banlieues ouvrières. Les villes de l'Est ont cependant inspiré à Sallenave de magnifiques portraits: Léningrad dans *Villes et villes;* Vilnius, Riga et Tallinn dans *Capitales oubliées*; Prague, Belgrade, Sarajevo, Dubrovnik et Bucarest dans *Passages de l'Est*.

A partir des années 80 et tout au long des années 90, Sallenave entreprend une série de voyages hors d'Europe, dans les pays du tiers-monde. Elle séjourne dans plusieurs pays d'Afrique; elle visite la Chine et Haïti. *Le Principe de ruine*, publié en 1994, décrit un voyage au nord de l'Inde. *Carnet de route en Palestine occupée*, publié en 1998, décrit le conflit qui embrase le Moyen-Orient. Il est clair que ces voyages dans les pays du tiers-monde ont beaucoup marqué l'auteur. D'une part ils ont permis à Sallenave de voir ce qui se cache derrière la prospérité de l'Occident. D'autre part ils lui ont permis d'échapper au formalisme qui menace d'étouffer la littérature contemporaine. L'écriture du voyage est une cure salutaire pour l'écrivain parce qu'elle l'oblige à faire face au réel. "Il ne s'agit pas du tout d'être considérée comme un écrivain voyageur," explique l'auteur, "mais de pouvoir parler du monde dans un moment où le monde s'absente beaucoup de la littérature"[1]. Soulignons ici que Sallenave ne cherche pas, contrairement à J.M.G. Le Clézio, à renouveler l'écriture du voyage en jouant sur les limites du genre du journal de voyage, de l'autobiographie et du récit légendaire. Ses journaux de voyage sont de simples carnets de route, à mi-chemin du témoignage personnel et du reportage journalistique. Sallenave y apparaît comme une voyageuse engagée dans le monde contemporain, une intellectuelle soucieuse de s'en faire une image aussi précise que possible, en tenant compte de la complexité des situations humaines.

1. l'enlèvement d'Europe

Passages de l'Est rassemble plusieurs carnets de voyage en Tchécoslovaquie, en Pologne, en Hongrie, en Roumanie et en Yougoslavie rédigés de janvier 1990 à décembre 1991, c'est-à-dire au lendemain de la chute du mur de Berlin. Après la longue glaciation soviétique, Sallenave sait que l'Histoire s'est remise en marche à l'Est et elle veut témoigner des réformes qui sont en cours. Cependant, comme l'ont souligné Claire Devarrieux et Florence Noiville, Danièle Sallenave n'a pas attendu la chute du mur de Berlin pour se rendre dans ces pays. L'écrivain y faisait de fréquentes visites depuis une quinzaine d'années environ. D'où la justesse de ses observations concernant l'évolution des mentalités. Dans *Passages de l'Est*, Sallenave montre très bien le double traumatisme qu'ont vécu ces populations. D'une part leur passé culturel, riche et ancien, a été ravagé par quarante années de soviétisme. D'autre part leur passé récent, celui de l'occupation russe, se voit brusquement effacé par les nouveaux arrangements de l'histoire. Les pays de l'Est entrent dans la modernité en cherchant leurs repères. Avec la chute du communisme, une transition très incertaine est en cours, que dominent le capitalisme mafieux et le renouveau nationaliste.

---

[1] *A quoi sert la littérature?:* 100. Danièle Sallenave cite en exemple les journaux de voyage de Nicolas Bouvier et d'Olivier Rolin.

Passages de l'Est adopte dans ses grandes lignes l'analyse développée par Milan Kundera à propos des pays d'Europe centrale mais en l'étendant aux pays baltes et aux Balkans[2]. Résumons rapidement cette analyse. Kundera explique d'abord que l'Europe de l'Est est un foyer de petites nations aux frontières incertaines, qui n'ont jamais connu de vie politique véritablement stable et indépendante. Ces peuples très divers appartiennent évidemment à l'histoire européenne depuis toujours: mais ils représentent son envers et sa mauvaise conscience. Leur expérience n'est pas celle de l'Europe des Lumières, triomphante et sûre de ses valeurs, mais au contraire celle d'une Europe faible, menacée, souvent envahie et souvent marginalisée. Kundera explique que cette "expérience historique désenchantée" (15) a donné aux Européens de l'Est un sens tragique de l'histoire et un sentiment très vif de la fragilité de la culture. Les guerres, les défaites et les occupations successives ont renforcé chez eux l'esprit de résistance et le goût des libertés. Kundera souligne que cet esprit de résistance s'est incarné avec éclat chez les intellectuels dissidents qui s'opposèrent au totalitarisme soviétique et qui maintinrent envers et contre tout la primauté des valeurs culturelles européennes. Cette leçon n'a pas été perdue pour Sallenave. "On ne naît pas européen, on le devient," explique-t-elle.

> Ni les deux guerres mondiales, ni les guerres coloniales n'auraient pu nous donner quelque fierté d'être européens... Pour que je sache ce que c'est d'être européen, il m'a fallu voir la culture européenne mise en péril sur son propre sol, à l'Est. J'ai alors compris que je faisais partie de ce monde, de cette culture. (PE: 28)

Dans *Passages de l'Est*, Sallenave refuse donc l'opposition caricaturale que l'on établit d'ordinaire entre l'Europe des nations, à l'Ouest, et l'Europe des tribus, à l'Est. Il n'existe pas d'un côté une Europe de la raison et du développement économique et de l'autre une Europe du chaos et de la régression ethnique[3]. Les petites nations d'Europe

---

[2] Voir Kundera, "Un Occident kidnappé, ou la tragédie de l'Europe centrale". Sallenave évite toutefois les amalgames et distingue soigneusement dans son livre la situation particulière de chacun des pays qu'elle visite.

[3] Ce point de vue caricatural est celui de Robert Kaplan dans *Eastward to Tartary*.

de l'Est sont ancrées depuis toujours dans le même destin culturel que les grandes nations occidentales. D'autre part Sallenave s'oppose à ceux qui, forts de leur prospérité et de leur sécurité, méprisent le renouveau nationaliste à l'Est. La nation n'est-elle pas une étape décisive du processus de développement des sociétés modernes? A la suite de Simone Weil, Danièle Sallenave rappelle que l'enracinement dans une nation, c'est-à-dire une communauté élargie, définie par un espace territorial et par un héritage culturel commun, renforcée par des structures politiques acceptées de tous, correspond à un besoin profond de l'homme civilisé. La nation est un progrès sur la société primitive, non une régression vers elle. On ne saurait donc confondre nationalisme et illusion chauvine, folie identitaire, délire ethnique. Il est essentiel que les pays de l'Est puissent accomplir la mutation moderne du nationalisme. Cette mutation implique une nouvelle prise de conscience de ce qu'est la nationalité: une nationalité citoyenne basée sur le pluralisme politique et sur la laïcité, sur le respect des droits de l'homme et sur le respect des minorités[4]. D'autre part il est clair que la mondialisation rend chaque jour plus difficile l'existence d'un État national autosuffisant: d'où la nécessité du partenariat à l'intérieur d'une entité européenne plus large. C'est ici que la notion de culture peut jouer un rôle déterminant. La culture européenne n'est-elle pas le meilleur outil pour s'opposer aux régressions identitaires? Ne permet-elle pas de concilier l'appartenance à un passé singulier et la participation à un projet collectif?

      Sallenave rappelle que par delà les oppositions idéologiques de droite et de gauche, la grande majorité des Européens s'est toujours accordée à voir dans la culture la valeur suprême des sociétés avancées. Mais cette conception européenne de la culture n'est-elle pas battue en brèche aujourd'hui? Sous l'impact conjugué du marché, de la technique et des media, le déclin de la culture n'est-il pas déjà engagé? Pour Sallenave une sous-culture de masse, déjà répandue aux États-Unis, menace l'Europe postcommuniste dans son ensemble. L'écrivain avait rêvé d'un sursaut européen, d'une alliance entre la liberté démocratique de l'Ouest et l'esprit de dissidence de l'Est. Mais elle doit se rendre à

---

[4]Rappelons ici que Sallenave n'est nullement favorable au morcellement des nations d'Europe de l'Est ou des Balkans selon des lignes ethniques, linguistiques ou religieuses. Sur ce point, voir *Nos Amours de la France*: 122-25 et 130-31.

l'évidence. A Prague, à Budapest, à Belgrade, à Sarajevo et à Bucarest, les peuples de l'Est ont jeté l'éponge. L'heure est au consumérisme.

> Quels modèles allons-nous fournir à cette partie exténuée de l'Europe? Une communauté d'échanges économiques et marchands? Une démocratie où le souci de la chose publique s'efface devant la préoccupation unique de soi, et de son bonheur privé? (PE: 320)

La chute du mur de Berlin marque la fin d'un régime haïssable et la fin d'une guerre larvée qui paralysait le continent. Mais apporte-t-elle vraiment le progrès? Ne marque-t-elle pas le recul de l'Europe?

Passage de l'Est est donc un livre pessimiste: il raconte l'histoire d'un rendez-vous manqué avec l'Histoire. D'une part Sallenave offre une description assez sinistre des pays de l'Est au sortir de la guerre froide: elle souligne la démoralisation et la décrépitude alarmantes héritées de l'ère soviétique.[5] D'autre part Sallenave entrecoupe ces séquences consacrées aux pays de l'Est de séquences consacrées aux grandes capitales de l'Ouest – notamment Paris, Berlin et New York[6]. Ce jeu de miroir entre l'Est et l'Ouest permet à l'auteur de faire voir, par collages et contrastes successifs, le nouveau visage du continent: "une Europe réunifiée dans une euphorie triste, comme une galerie marchande s'étendant de l'Atlantique à l'Oural, parcourue en tous sens par des familles en survêtement, l'air fébrile et vaincu" (PE: 51). Danièle Sallenave sait bien que son combat contre le consumérisme et contre la culture de masse présente aux yeux de l'opinion quelque chose d'anachronique. Pourquoi pleurer le déclin de la culture puisqu'indéniablement les progrès scientifiques se multiplient? Pourquoi ressasser le souvenir des tragédies du XXe siècle puisque la démocratie triomphe et que la page est tournée? Il semble cependant à l'écrivain qu'aucune leçon n'a été tirée de ces grands bouleversements. La prétendue révolution culturelle à l'oeuvre en Europe n'est qu'une immense

---

[5] Le chapitre le plus lugubre du livre est celui consacré à la Roumanie, "*Decay!*", pages 217-77.

[6] Le chapitre consacré à New York est assez convenu. Sallenave y condamne en bloc "l'impérialisme marchand, la sottise puritaine, l'horreur des villes moyennes de la *cornbelt* et le *politically correct* des États-Unis" (PE: 298). Mais l'Amérique retrouve tout son lustre à Ellis Island, terre d'accueil des millions d'émigrants et de réfugiés d'Europe.

duperie: on liquide la nation à cause du fascisme; on renonce à la justice sociale à cause du stalinisme; on méprise la culture au nom de l'esprit scientifique et de l'esprit d'ouverture. Or l'expérience des pays de l'Est a fortifié chez Sallenave le refus de cet esprit du temps. *"Nous n'avons pas changé"*, souligne l'auteur. "La considération de nos erreurs, le regret d'avoir développé une pensée marxiste sans être capables de faire la critique radicale du communisme réel ne nous ont pas rabattus vers le libéralisme, le conservatisme, la droite traditionnelle" (PE: 275). L'expérience des pays l'Est a été pour Sallenave une expérience fondatrice et formatrice. D'une part ces pays lui ont enseigné les dangers de la pensée totalitaire, la fragilité de la culture, les souffrances morales et physiques des petites nations, les difficultés de la condition ouvrière dans un monde industriel en mutation. D'autre part ces pays lui ont révélé la nouvelle mission des intellectuels, l'urgence d'une pensée de la dissidence face à l'idéologie consumériste d'aujourd'hui.

2. le principe de ruine

Le Principe de ruine relate le voyage de Danièle Sallenave dans le nord de l'Inde, en 1991, en compagnie de Catherine Clément. L'itinéraire de ce voyage correspond grosso modo à la vallée du Gange, du plateau du Rajasthan au golfe du Bengale: il conduit les deux femmes à travers des régions inchangées depuis des millénaires mais aussi à travers des régions entièrement dévastées par l'industrialisation. Ce voyage en Inde a profondément affecté Danièle Sallenave, tant sur le plan moral que physique. En Inde, explique l'auteur, la misère, la saleté, la maladie et la mort sont partout présentes et visibles: cadavres de chiens, mendiants et lépreux, enfants infirmes, familles entières guettées par la famine. D'autre part le voyageur européen ne peut qu'être choqué par le fanatisme religieux, la corruption politique, la brutalité du système des castes, l'exploitation des femmes. Il est clair que Sallenave a éprouvé pendant son séjour à Calcutta un choc similaire à celui que décrivent V.S. Naipaul dans *An Area of Darkness,* Pier Paolo Pasolini dans *L'Odore dell'India* ou Günther Grass dans *Zunge Zeigen*[7]. Ces écrivains voient rassemblés dans

---

[7]Sur ce point, je renvoie aux essais de Monika Shafi (39-56) et de Gaston Roberge (17-26).

cette ville tous les maux qui affligent le tiers monde. Dans leurs journaux, la compassion et la pitié s'effacent devant la peur, la colère et la tentation du mépris. On peut donc parler du *coup de Calcutta* comme on parle du *coup du lapin* ou du *coup de Trafalgar*. Calcutta fait horreur et ne se laisse pas facilement esthétiser. Calcutta perturbe et déstabilise le voyageur. *Le Principe de ruine* ne fait pas exception à la règle: ce journal relate une expérience que l'écrivain ne parvient pas – littéralement – à digérer.

Que voit Sallenave en arrivant en Inde? Elle voit d'abord l'homme démesurément pauvre, l'homme ravalé au niveau du corps, l'homme réduit à son destin biologique, "l'homme qui a faim et qui ne mange pas" (PR: 78). Dans les rues de Calcutta, Sallenave croise des milliers d'hommes, de femmes et d'enfants dont la vie quotidienne est un long martyre. "Comment être quand on n'a rien, quand on est réduit à si peu de chose, un bout de châle, une gamelle, une toux, une voix rauque" (PR: 29)? Sallenave nous montre ces corps fragiles, vulnérables, entassés de façon obscène dans des abris de fortune. A quoi s'ajoute une pollution démente. Sait-on qu'à Calcutta la pollution urbaine est 30 fois supérieure aux taux d'alerte d'Europe de l'Ouest? "Respirer est un exploit qui déchire les poumons" (PR: 86), souligne l'auteur. *Le Principe de ruine* présente donc au lecteur une vision phobique de l'Inde. A Calcutta, les vivants sont des survivants. Ils se traînent à même le sol dont ils semblent n'émerger qu'à peine. Leurs corps décharnés dérivent lentement, inexorablement, vers la mort.

Comment faire sentir la misère de l'Inde sans toutefois renier sa beauté? Sallenave enregistre d'abord soigneusement dans son journal toutes les sensations éprouvées au cours de son voyage. Elle note les sons et les couleurs éblouissantes de ce pays, sa vitalité stupéfiante, ses moeurs rustiques mais jamais vulgaires. En même temps Sallenave s'efforce d'analyser ce qu'elle voit et d'élaborer une signification de l'Inde en s'appuyant sur l'histoire, l'archéologie, la culture et les idées. Cependant il apparaît très vite une certaine tension entre sensation et signification car Sallenave craint que le raisonnement ne vienne rationaliser l'horreur, l'expliquer et l'effacer. Pour demeurer fidèle à ce qu'elle a vu, l'écrivain décide donc de *coller* aux scènes concrètes et aux situations vécues. Elle évite la description panoramique et la dissertation sociologique; elle refuse toute distanciation. Aucun détachement n'est possible: la voyageuse est confrontée à chaque pas à des scènes de détresse inouïes. L'écriture du voyage devient minimaliste: il s'agit de témoigner, de décrire crûment les conditions de vie atroces qui règnent dans les rues de Calcutta. Évidemment Sallenave sait que ces vignettes ont tendance à renforcer l'impression de chaos que produit la société indienne sur le voyageur européen. Elle sait que la capitale du Bengale est autre chose qu'un agrégat grouillant et anarchique de miséreux, autre chose qu'une 'cour des miracles' de dix millions d'habitants. Il existe en effet dans les rues de Calcutta des règles de bon voisinage, une certaine solidarité de village, un ensemble de coutumes transplantées des campagnes d'Orissa ou du Binhar.[8] Cependant Sallenave veut montrer comment le voyageur est au départ hébété, paralysé, submergé par l'horreur. Elle veut montrer comment, en Inde, l'écriture du voyage est sans cesse déchirée entre la phobie et le concept.

Sallenave raconte en particulier dans son livre comment l'odeur de l'Inde l'a prise à la gorge. Dans un premier temps, l'écrivain tente d'analyser cette odeur que composent la sentine à cochons, l'ordure pourrissante, les épices, les eaux sales, la galette frite, l'huile brûlée, le charbon de bois. Mais dans un second temps l'odeur de l'Inde prend le dessus et provoque en elle une véritable nausée. Sallenave se sent envahie par une odeur entêtante, obsédante et angoissante: une odeur de fleur, de sang, de sueur, de sexe et de bois brûlé. Cette odeur lui coupe le souffle et provoque des vomissements comme si la voyageuse cherchait à fuir son propre corps. Peut-on attribuer un sens psychologique à ce malaise? Peut-on psychanalyser cette nausée? Sallenave constate d'abord que l'odeur de l'Inde ramène constamment l'attention du voyageur vers la chair et vers la matière. L'odeur de l'Inde évoque sans cesse la sexualité et la mort, la naissance et la décomposition.

> Ce n'est pas du dégoût que j'éprouve. Ce qui me donne le vertige, c'est plutôt comme une sombre attirance, un mouvement qui m'incline dangereusement vers *cela* où je ne veux pas, où je ne dois pas me confondre... comme des appels troubles à ne plus exister. (PR: 54)

Sallenave souligne d'autre part que l'Inde, par ses scènes crues et brutales, par ses odeurs puissantes et envoûtantes, transporte le voyageur

---
[8]Sur ce point, voir Jean-Luc Racine, "Calcutta, chaudron lyrique": 9-10.

dans un autre temps. En Occident, il n'existe plus de sacrifice humain ni de sacrifice animal depuis longtemps. Mais l'Inde vit encore dans ce temps-là, le temps du sacrifice et du sang, le temps du rituel numineux, le temps cyclique qui fonde, comme l'a montré Mircea Éliade, l'expérience même du sacré. Ce qui est remis en question par l'Inde, c'est donc l'expérience même du sujet, du temps et du sens. "Dans un voyage en Inde, ce qui est affecté, gravement, c'est le rapport au temps, au corps, au souffle, c'est la liaison du moi et du monde" (PR: 127). Au fond, la nausée décrite dans *Le Principe de ruine* est une sorte d'extase inversée et ambiguë. D'une part l'Inde fait régresser l'esprit vers le corps, l'intellect vers les sens. D'autre part l'Inde fait régresser la conscience individuelle vers l'inconscient collectif. Sallenave explique que l'esprit occidental est parvenu au cours des siècles à se dégager de la psyché archaïque par le travail émancipateur de l'analyse et de la raison; mais la libération que poursuit l'esprit indien requiert au contraire un contact quotidien et répété avec cet esprit ancestral. Autrement dit l'Inde fait voir au voyageur occidental un autre arrachement au monde, qui n'est pas celui de la raison, mais qui est tout autant radical. C'est pourquoi, en Inde, la conscience du voyageur est mise à rude épreuve: elle vacille, elle tremble sur ses fondements, elle est hantée par un double qui l'assaille non *du dehors* mais *du dedans*. "Cette boule noire que l'Inde a pétrie, je sais bien qu'elle est faite de ce qu'il y a en moi et que je ne sais pas" (PR: 125).

Il existe donc chez Sallenave, comme chez bon nombre de voyageurs contemporains, une volonté de tourner le dos à l'Inde. Évidemment l'écrivain ne dissimule pas l'émerveillement que l'Inde a provoqué en elle en de nombreuses occasions; mais son journal exprime par dessus tout sa résistance. "Je ne suis pas de ce temps ni de ce lieu, parce qu'à son passé aussi je suis étrangère, ainsi que tous les miens" (PR: 43). Nous sommes donc loin ici de la dérive d'une Muriel Cerf qui célébrait dans *L'Antivoyage* l'Inde hippie des années soixante. Comme Muriel Cerf, Danièle Sallenave connaît bien l'oeuvre des grands penseurs et des grands réformateurs de Calcutta: Ramakrishna et Vidyasagar, Tagore et Aurobindo. Mais Sallenave ne cherche nullement à échanger une nouvelle culture contre celle qui est la sienne. Elle cherche simplement à éprouver, par une expérience-limite, ce dont sa propre culture est faite.

Dans *Le Principe de ruine* l'Inde apparaît comme un monde archaïque toujours vivant, un monde qui aurait ignoré le progrès des

Lumières[9]. Mais à un second niveau, et par un renversement paradoxal, l'Inde représente non plus le passé que nous fuyons mais l'avenir qui nous menace. Calcutta devient alors la figure anticipée du monde où nous allons devoir vivre: c'est l'image menaçante de la planète polluée, surpeuplée, inégalitaire et ségrégée de demain. "C'est ainsi que notre monde s'unira et tel sera son principe d'unification, la violence, la pollution et la pauvreté" (PR: 63). Cette vision apocalyptique de l'avenir fait écho aux pages très dures de *Tristes Tropiques* consacrées à l'ancienne capitale des Indes britanniques[10]. Comme Lévi-Strauss, Sallenave constate qu'à Calcutta l'idéal d'émancipation qui définissait la modernité a disparu: l'industrialisation et la surpopulation ont détruit non seulement le tissu urbain mais aussi le projet humain qui fonde toute grande ville. Les pauvres qui affluent à Calcutta n'habitent pas vraiment dans la ville, explique Sallenave: ils vivent dehors; ils campent sur les trottoirs et sous les ponts; ils tirent leur subsistance des poubelles. Les villes ont été conçues pour le travail, l'échange, la culture; mais les pauvres entassés dans Calcutta n'obtiennent rien de tout cela.[11] A Calcutta, l'âge de l'utopie est clos: le principe de ruine se substitue à celui de progrès et engendre une vision catastrophique de l'histoire. Comme Marguerite Duras, Danièle Sallenave voit dans cette ville une figure exemplaire du désastre moderne, une sorte de "trou noir" où a sombré l'idéal des Lumières, comme dans le ghetto de Varsovie ou sous les décombres d'Hiroshima.

> Cette figure-là du monde ... n'est-elle justement pas en train de naître au coeur du monde privilégié, dans les désordres qu'il connaît, dans la confrontation croissante entre les riches et les pauvres, le Nord et le Sud, le luxe de Park Avenue et les zones ruinées du Bronx? (PR: 62)

---

[9]Sallenave note qu'en Inde le voyageur passe sans transition "de l'aube des peuples au milieu des années soixante, du polythéisme au matérialisme historique, de Dumézil à Althusser" (PR: 51).

[10]Lévi-Strauss écrit: "Ce qui m'effraye en Asie, c'est l'image de notre futur, par elle anticipée" (*Tristes Tropiques*: 169). Les descriptions de Calcutta se trouvent aux pages 143-44, 150-51, 156-58 et 163-65.

[11]Gaston Roberge fait observer: "Il y a certes des millions d'habitants à Calcutta, mais ceci ne suffit pas à faire une ville. En fait, seule une minorité, dans la métropole, bénéficie des infrastructures de base d'une ville authentique. Comment appeler l'espace où vit le reste de la population" (20)?

Le Principe de ruine est un texte saisissant car le malaise de l'auteur vient perturber et remettre en question, jusqu'à un certain point, l'écriture du voyage. Dans ce livre, Sallenave tente de regarder la misère en face, sans faillir, sans détourner le regard. Il s'agit pour elle de montrer l'Inde réelle et de porter témoignage sur les maux du tiers monde. Mais d'autre part ce texte est frappant parce qu'il cherche à échapper à la simple commisération, au tiers-mondisme, à cette "vision morne, moderne, moralisatrice de la différence et de l'égalité des cultures" (PR: 98). Comme Pascal Bruckner, Sallenave pense que l'éloge des différences cher aux voyageurs contemporains n'est souvent que l'envers caricatural de l'arrogance coloniale d'antan. Rend-on vraiment service aux pays du tiers monde en portant aux nues leurs moindres singularités, simplement pour dénigrer l'Occident? Peut-on négliger, concernant le progrès de l'humanité, l'apport européen de la laïcité et de la démocratie, la reconnaissance des droits de l'homme et de la femme? Sallenave ne cherche ni à idéaliser ni à déprécier l'Inde: elle veut simplement montrer qu'à l'heure de la mondialisation, l'idéal des Lumières reste plus que jamais d'actualité, surtout dans les pays les plus démunis. Cet idéal d'émancipation est universaliste mais il repose sur un scepticisme actif, sur la conscience de la fragilité de ce qui sépare l'homme de l'horreur. On ne saurait donc le confondre avec un quelconque eurocentrisme.[12]

3. *l'amazone du grand Dieu*

Il peut sembler incongru de conclure ce chapitre consacré à l'écriture du voyage avec un essai biographique consacré à Marie Guyart, une grande figure de la mystique française du XVIIe siècle[13]. Mais avec *L'Amazone du grand Dieu*, publié en 1997, nous ne sommes guère

---

[12]Dans *Nos Amours de la France*, Sallenave explique que l'idéal d'émancipation des Lumières "fait de nous, non pas un *modèle*, mais un *recours* philosophique. Pour les femmes indiennes ou pour les habitants du Timor oriental. Une source d'inspiration dans leur lutte politique, pour l'indépendance des peuples mais dans le respect des droits de l'individu" (146).

[13]Marie Guyart porte en religion le même nom que Madame Acarie: Mère Marie de l'Incarnation. Pour éviter toute confusion, nous conservons ici son nom civil.

éloignés de notre sujet. Nous apprenons d'une part dans ce livre que Marie Guyart a été une grande voyageuse. Née sur les bords de la Loire en 1599, elle a fondé le premier établissement des Ursulines au Québec en 1639, à une époque où la jeune colonie luttait encore avec les tribus amérindiennes. D'autre part Marie Guyart fascine beaucoup Danièle Sallenave: il entre certainement une part d'autoportrait dans ce portrait. L'écrivain souligne que deux facettes très contrastées caractérisent la personnalité hors du commun de Marie Guyart. D'une part sa foi intense, accompagnée d'extases et de visions mystiques; d'autre part son sens pratique, ses dons remarquables en matière d'administration. Simone de Beauvoir a montré dans *Le Deuxième Sexe* comment certaines femmes ont trouvé dans l'expérience mystique et dans l'activité missionnaire un moyen d'échapper aux limitations et aux interdits de leur époque. Avec la création artistique, l'expérience mystique est un détournement de la loi des hommes qui permet à une femme de s'affirmer à la fois dans le domaine de l'intellect et dans le domaine de l'action[14]. C'est précisément le cas de Marie Guyart, affirme Sallenave:

> Je me suis simplement dit que le choix de la voie mystique était le seul, et le plus haut, qu'une femme pût faire au XVIIème siècle. Ce n'était donc pas la mystique, en soi, et à tout moment, qui m'avait fascinée, mais la certitude que ce choix-là était l'équivalent absolu, en hauteur et en rigueur, des choix hauts et rigoureux que chaque époque dicte – en l'occurrence, à une femme. (EDS: 352)

Sallenave rappelle dans son livre que peu de femmes, à l'époque, ont réussi à accomplir une telle oeuvre. Tout s'y opposait: la distance, les difficultés matérielles et les préjugés tenaces de l'église concernant les femmes. Mais en même temps Sallenave rappelle que l'entreprise de Marie Guyart coïncidait avec l'ambition que la France se donnait alors de restaurer la chrétienté catholique. L'histoire religieuse de la seconde moitié du XVIIe siècle est toute entière placée sous le signe de la mission. Mission de reconquête à l'intérieur, en France, où il s'agit de reconquérir l'espace national après la secousse de la Réforme. Mission de conquête à l'extérieur, dans le Nouveau Monde, où la conversion forcée des peuples hurons et algonquins – par villages entiers – permet de planter la fleur de

---

[14]Voir *Le Deuxième Sexe*, I: 177-78 et II: 508-517.

lys avec la croix sur des territoires immenses. Le témoignage de Marie Guyart est consigné dans ses écrits spirituels, dans sa volumineuse correspondance, et surtout dans ses deux relations autobiographiques. La première relation, rédigée en France en 1633, est un compte rendu détaillé de ses visions et de ses extases. Ce texte répond aux exigences de ses confesseurs qui voulaient contrôler le développement de son expérience mystique et, si possible, en tirer un instrument pour l'édification des fidèles. La seconde relation, rédigée au Canada en 1654, décrit ce nouveau pays et les multiples activités des Ursulines. Ce texte raconte l'hiver blanc, le froid, les incendies, les épidémies, les guerres indiennes, l'inconfort des premières habitations et l'établissement d'un orphelinat pour accueillir les "filles sauvages" (AM: 105). Sallenave souligne que Marie Guyart ne met jamais en avant la supériorité des conquérants sur les indigènes. Au contraire, la religieuse trouve les indiens touchants, fidèles, simples et bons. Elle est frappée de leur extrême misère et de leur extrême dénuement. Sallenave souligne d'autre part que contemplation et action partagent l'existence de Marie Guyart en deux parties à peu près égales. Il ne fait aucun doute que la fondation d'une nouvelle communauté au Québec forme le complément nécessaire de l'expérience contemplative de Marie Guyart, son véritable "acting out" (AM: 99).

Comme Michel de Certeau, Sallenave distingue soigneusement la mystique active, engagée dans une action concrète, et la moniale hystérique, possédée par ses démons. Mais d'autre part, pour éviter de sombrer dans une quelconque hagiographie, Sallenave rapporte les petits détails triviaux de l'existence de Marie Guyart, ses difficultés et ses déchirements. Nous apprenons ainsi que mariée à dix-sept, mère à dix-huit ans, veuve à dix-neuf, Marie Guyart a élevé seule son fils unique jusqu'à ce que, âgée de trente-trois ans, elle décide d'entrer en religion. Cette séparation brutale – "ce sacrifice qu'elle a fait de ses liens maternels" (AM: 26) – n'a jamais cessé de la hanter.

Dans les derniers chapitres de son essai, Sallenave analyse la vision du monde qui émerge de la correspondance de Marie Guyart. Sallenave montre d'une part comment le libre arbitre de l'homme s'exerce selon la religieuse à l'intérieur d'une "histoire prédéterminée" (AM: 116). Sallenave étudie d'autre part le "dolorisme" (AM: 132) de la grande mystique, véritable morale ascétique fondée sur l'espoir de la rédemption. Sallenave étudie enfin l'oraison de quiétude de la sainte, cette "paix de coeur" (AM: 150) par "forme de respir" (AM: 152), qui permet l'union avec l'esprit divin. Au total, il est clair que la dévotion de Marie Guyart s'inscrit dans la redéfinition de l'idéal mystique du Grand Siècle.[15] D'une part l'anéantissement en Dieu s'atteint par la pratique de l'humiliation continuelle – l'abjection – conçue comme une adhésion au sacrifice du Christ. Mais d'autre part, comme l'a bien vu Nino Bergamo, l'anéantissement mystique marque le point de catastrophe de l'identité: c'est une refonte totale de la personnalité, qui touche certaines zones inaccessibles à la conscience. Cependant il existe une utilisation politique et apologétique de cette expérience mystique. Avec une remarquable attention aux textes, Sallenave distingue ainsi d'un côté "les grandes pulsions indifférenciées" (AM: 45) par lesquelles Marie Guyart retrouve les ravissements ineffables des grands mystiques de tous les temps, et de l'autre les visions frelatées de théologie dogmatique qui semblent suivre une sorte de "programme" (AM: 36).

Certes Sallenave n'adopte à aucun moment dans son livre le point de vue médical et réducteur qui, de Janet à Freud, identifie purement et simplement les transports mystiques aux symptômes hystériques. Cependant le lecteur reste un peu sur sa faim car l'auteur répugne à aller plus loin et à étudier la signification des visions mystiques de Marie Guyart à la lumière des archétypes de la psyché, c'est-à-dire des théories de l'école jungienne.[16] Quoi qu'il en soit, au moment de refermer *L'Amazone du grand Dieu*, comment ne pas songer à Thérèse de Calcutta, décédée l'année même de la parution de ce livre? Mystique et femme d'action, fondatrice d'ordre et d'orphelinats, la grande sainte de notre temps ne présente-t-elle pas plusieurs points communs avec Marie Guyart? De plus, née dans un pays de l'Est et missionnaire en Inde, Thérèse de Calcutta n'aurait-elle pas eu son mot à dire sur les passages de l'Est et sur le principe de ruine?

---

[15]Sur ce point, voir Jean-Pierre Jossua: 97-111.
[16]En s'appuyant sur les observations de Catherine Clément et de Surdhir Kakar dans *La Folle et le saint*, Sallenave esquisse une comparaison très suggestive entre les visions mystiques de Marie Guyart et celles de Ramakrishna. Cependant l'analyse de ces visions demeure assez superficielle. Pour une interprétation jungienne nuancée du phénomène des visions mystiques, je renvoie à l'excellente étude de John Welsh.

Chapitre 6

Le roman polyphonique

Les Trois Minutes du diable est un roman foisonnant de 400 pages qui prolonge la réflexion amorcée par Danièle Sallenave quinze ans plus tôt dans *Les Portes de Gubbio*. D'une part le roman décrit l'effondrement du système soviétique en Russie. D'autre part le roman décrit l'accélération de l'histoire qui ébranle les sociétés occidentales en cette fin du XXe siècle. Pierre Lepape note:

> Voilà donc un livre de stupeur, le premier vrai roman qui ait été écrit non sur cet événement considérable qu'est la chute du communisme – c'est affaire d'historiens – mais sur le vide qui vient de se créer dans chacune de nos consciences ou nos inconsciences, aussi éloignés que nous croyons être du lieu de l'explosion. (2)

Les premières pages des *Trois Minutes du diable* se déroulent à Moscou, durant les fameuses journées du 19 au 22 août 1991. Sallenave raconte l'apparition menaçante des chars devant le parlement russe, la tension de ces heures critiques, puis le brusque retrait des chars, signalant la victoire des réformistes sur les communistes.[1] L'écrivain note que cette tentative de putsch a frappé le monde entier mais qu'il n'a laissé à personne "le sentiment, fût-il tragique, d'un grand événement" (TM: 243). Sallenave s'interroge sur ce non-événement. Comment mettre en scène la chute du communisme, événement colossal de la fin du siècle, mais sans effets spéciaux? D'une part l'auteur décrit l'espèce d'hébétude qui a accompagné la chute du communisme. Elle montre que la fin du communisme a signifié pour les Russes la disparition d'un régime honni mais aussi la perte de repères historiques importants.

---

[1] Concernant les enjeux politiques de ce putsch, ainsi que sa chronologie, voir la synthèse d'Hélène Carrère d'Encausse, *Victorieuse Russie*: 172-82.

> Un immense étonnement, un étourdissement, un silence gagnent la place, les monuments couleur de sang séché: tout est fini, les temps sont consommés... En silence s'effondrent des images, des hommes, des guerres. Tout est là, invisible, l'histoire accumulée, les morts, la neige, le rêve trahi... (TM: 24)

D'autre part l'auteur souligne la dépression, le sentiment pénible d'échec, de vide et d'humiliation qui accompagne ce rêve trahi. Sallenave décrit le deuil mélancolique qui saisit toute une nation.[2] "Quoi donc a eu lieu?" (TM: 243), s'interroge Zoria. Cette femme ordinaire observe les images du siège du Parlement retransmises à la télévision: mais celles-ci ne parviennent à exprimer le grand drame qui se joue sous ses yeux. Pour Zoria, vieille militante communiste désabusée, l'histoire semble se parodier elle-même. L'apparition des chars dans les rues de Moscou est une caricature grotesque du printemps de Prague. L'événement actuel apparaît donc déjà démodé, absorbé dans un temps défunt. Ces quelques journées d'exception constituent pour Zoria "les trois minutes du diable" au cours desquelles, selon un vieil adage russe, le cours du monde est suspendu. Par cette brèche passent la violence, la folie, la menace de la guerre – mais aussi la liberté, le rêve et l'espoir du renouveau.

Au point de vue formel, *Les Trois Minutes du diable* est un roman dont la structure est complexe et délibérément éclatée. Ce roman présente plusieurs tranches de vie dispersées à travers toute l'Europe. Nous suivons l'existence de Zoria et de sa fille Elena à Moscou; mais aussi celle d'Anna à Paris, d'Isabelle à Rouvre, de Monseigneur à Turin, de Vassia et de Pitch à Berlin, etc. Certains critiques ont été déconcertés par cette pluralité d'intrigues: mais il est clair que le texte ne manque ni de cohérence ni d'unité. D'une part l'auteur décrit un moment de crise aiguë dans l'histoire de la conscience européenne: la structure éclatée et simultanée du récit permet de mettre en relief cette crise, un peu comme Jean-Paul Sartre a mis en relief la crise de Munich dans *Le Sursis*[3]. D'autre part le roman

---

[2] Dans "Deuil et mélancolie", Freud note: "Le deuil est régulièrement la réaction à la perte d'une personne aimée ou d'une abstraction mise à sa place, la patrie, la liberté, un idéal, etc. L'action des mêmes événements provoque chez de nombreuses personnes ... une mélancolie au lieu du deuil" (*Métapsychologie*: 148).

[3] Sallenave pense que "la guerre vient" (TM: 103). De nouveaux conflits se dessinent en Europe, non plus entre l'Ouest et l'Est, mais entre le Sud et le Nord, entre l'Islam et l'Occident.

présente tout de même une certaine unité diégétique car les personnages, à un moment ou à un autre, vont voir leurs chemins se croiser. Isabelle, par exemple, a été autrefois la femme de ménage d'Anna; Zoria téléphone à Anna pour lui annoncer l'apparition des chars à Moscou; Jonasz, le camionneur qui tente de séduire Isabelle, va prendre Vassia et Pitch en auto-stop, etc. Il existe par conséquent une série de recoupements inattendus au niveau de l'intrigue; et ces recoupements ne sont pas sans ajouter beaucoup au plaisir de la lecture.

Les Trois Minutes du diable présente une structure diégétique complexe; mais son unité thématique ne fait aucun doute. Il existe en effet dans ces tranches de vie un thème commun, examiné à chaque fois selon un angle différent, à travers la situation particulière de tel ou tel personnage. Quel est ce thème? On trouve d'abord dans le roman une réflexion sur la chute du communisme et en particulier sur le rôle des images dans les grandes idéologies et les grandes religions. Ce texte décrit très bien la guerre des images dont la Russie est actuellement le théâtre. D'une part l'auteur montre comment, avec la chute du communisme, le culte orthodoxe opère un retour en force dans la société russe: le dogme chrétien vient combler la place laissée vide par l'effondrement du credo marxiste. Seule une espérance eschatologique peut en effacer une autre: c'est pourquoi le culte de Lénine se voit remplacé par le culte des icônes.[4] D'autre part Sallenave montre comment, maintenant que l'appétit de consommation a remplacé le désir de révolution, les images et les produits venus d'Occident déferlent sur la Russie. Sallenave s'interroge sur ces signes conquérants et vides de la société de l'Ouest, puissamment relayés par les media modernes. Pour elle, l'idéologie consumériste qui déferle sur la Russie marque la défaite de la pensée, c'est-à-dire d'une part l'abandon de l'idéal politique de justice sociale, falsifié par le soviétisme, et d'autre part l'abandon des valeurs de l'esprit face aux lois prétendument naturelles

---

[4] Cette idée est présentée dans le chapitre intitulé "Elena et les popes" (TM: 72-84). Sallenave souligne avec inquiétude la fascination exercée par les dogmes anciens dans la nouvelle Russie. "Les temps sont mûrs pour la résurgence des pires fanatismes et aussi d'un millénarisme où se réveilleront les comportements mystiques les plus caractérisés" (TM: 68).

du marché.⁵

Face à ces images collectives, artificielles, faites de main d'homme, il existe cependant dans *Les Trois Minutes du diable* d'autres images, personnelles et spontanées. Sallenave décrit par exemple les "rêves" obsédants d'Anna, les "visions" extatiques de Simon, les "apparitions" de l'enfant mort à Isabelle. Ces images sont des images authentiques parce qu'elles correspondent à des archétypes profonds, issus de la psyché inconsciente. *Les Trois Minutes du diable* présente donc au lecteur une seconde réflexion sur les images numineuses qui hantent nos nuits, sur les images des défunts qui hantent nos mémoires – et finalement sur la métamorphose de ces images dans l'art. L'expérience de Zoria, comme nous l'avons dit plus haut, joue un rôle important dans le roman. C'est à travers ce personnage que Sallenave décrit l'effondrement du système soviétique et la mise en place de la *perestroïka*, avec son cortège de figures grimaçantes: la misère, la corruption, la délinquance, l'alcoolisme et la prostitution. Comment faire entendre, dans l'effondrement du soviétisme, le ton juste? Comment rappeler ce que les citoyens ordinaires voulaient bâtir, et qui n'était pas le goulag? "La page doit être tournée, et définitivement. Mais pas sur le dos de ceux qui sont morts" (TM: 363). La voix de Zoria prend un relief singulier dans les dernières pages du roman puisque c'est sur son témoignage de femme ordinaire, mis en relief par le procédé du monologue intérieur, que s'achève *Les Trois Minutes du diable*. Dans l'analyse qui suit, cependant, nous nous concentrerons sur la vie d'Isabelle et la vie d'Anna qui se déroulent en France. Ceci pour deux raisons. D'une part parce qu'Isabelle et Anna incarnent deux façons presque opposées de vivre les changements du monde actuel: ces deux femmes incarnent deux formes distinctes de résistance à l'histoire, l'une par rapport au passé, l'autre par rapport à la modernité. D'autre part parce qu'Isabelle et Anna permettent à Sallenave de mettre en relief la *brèche* entre le passé et l'avenir, ce moment de vérité dans l'histoire contemporaine où, comme le note Hannah Arendt, les

---

⁵Dans l'entretien qu'elle nous a accordé, Danièle Sallenave précise: "L'hypothèse des *Trois Minutes* c'est que, avec la fin du communisme... nous avons sombré dans une terreur abjecte, autre nom de l'appétit de jouissance qui nous hante. L'utopie s'était changée en meurtre de masse et en glaciation du monde. Il fallait s'en débarrasser, mais pour asseoir de nouveau un projet de liberté... Eh bien, cela nous a fait trop peur" (EDS: 350).

vivants prennent conscience qu'ils sont entrés dans un intervalle de temps "entièrement déterminé par des choses qui ne sont plus et par des choses qui ne sont pas encore" (19).

1. *Isabelle ou la vie mutilée*

On trouve fréquemment dans les récits de Danièle Sallenave deux types de femmes presque opposés. D'un côté la femme obscure ou opaque, issue d'un milieu simple et sans éducation, et dont l'existence ne semble mener nulle part. De l'autre la femme intellectuelle qui a su imposer à sa vie une ligne directrice et qui échappe ainsi à la fatalité du mariage, de la famille, etc. Isabelle appartient au premier groupe. Isabelle habite à Rouvre, un petit village situé près de Laon. Mariée avec Vincent, elle vit, à trente ans à peine, "dans un temps qui se répète et qui est absolument fermé" (TM: 130). Isabelle mène une vie bornée par les tâches ménagères: une vie sans élan et sans horizon. Sallenave nous montre qu'en fait Isabelle vit dans un mélange de temps: d'une part le temps étale, répétitif, de la tradition; de l'autre le temps moderne, éphémère, scandé par les pubs et les infos de la télévision. Entre ces deux temps, nulle synthèse, nul lien ne s'établit. La vie d'Isabelle est séparée, fractionnée, cloisonnée. "Vivre dans le temps, c'est vivre dans un temps qui connait ce qui l'a précédé et imagine ce qui va lui survivre" (TM: 282), souligne l'auteur. Mais ce n'est pas le cas d'Isabelle. L'histoire des hommes et des femmes d'autrefois ne l'intéresse pas. Au contraire, il existe chez Isabelle une véritable répugnance à évoquer le temps passé, le temps des morts, des générations disparues qui, pourtant, expliquent le monde d'aujourd'hui. Pour Isabelle, le passé ne vaut pas qu'on s'y attarde: seul compte "le progrès" qui a transformé la vie matérielle avec la télévision, le téléphone, les appareils électroménagers, etc. Pour Isabelle, le monde n'est pas fait pour être dévoilé: "il n'y a pas de voile sur le monde" (TM: 286). Cependant aucun agrandissement vital ne s'opère dans son existence, et elle souffre de ne pas pouvoir changer.

L'opposition entre l'accomplissement biologique et l'accomplissement personnel est un thème fondamental dans l'oeuvre de Danièle Sallenave, comme on l'a vu. Ce thème apparaît dans *Les Trois Minutes du diable*. Produit de son milieu et de son éducation, Isabelle a étouffé en elle-même toute velléité d'épanouissement personnel. Isabelle définit entièrement son existence en fonction de ses tâches d'épouse et de mère. Un jour, cependant, Isabelle perd son jeune enfant à la suite d'un accident. Cet événement la plonge subitement dans la dépression et dans la mélancolie, au sens clinique de ce mot. "Quelque chose d'énorme, et de creux en même temps, où l'esprit s'arrête plein de stupeur, domine la vie d'Isabelle... un vide, un trou, une absence de liaison, une énigme, un rapport qu'elle ne peut pas établir" (TM: 135). Peu après, Isabelle devient la proie d'hallucinations. Elle voit apparaître l'enfant dans sa cuisine ou dans son jardin: l'enfant mort qui joue silencieusement. Cette vision obsédante, lancinante, ne cesse de la hanter. C'est une vision qu'elle ne peut ni raisonner ni contrôler. Le retour de l'enfant est "un signe trop grand pour ce monde où elle vit" (TM: 38): c'est un événement qui finit par remettre en question toute sa vision du monde.

Les apparitions de l'enfant provoquent une rupture profonde dans le monde d'Isabelle. D'une part il est clair que ces hallucinations correspondent à un mécanisme inconscient de censure et de compensation. Il s'agit pour Isabelle de nier magiquement la disparition de l'enfant et d'atténuer ainsi la culpabilité qu'elle ressent[6]. Mais d'autre part les apparitions de l'enfant viennent remettre en question l'univers familier d'Isabelle. Avec le retour de l'enfant, une brèche s'est ouverte dans l'esprit d'Isabelle: "une brèche par où passent des questions" (TM: 152). Le retour de l'enfant conduit Isabelle à envisager sa vie d'un oeil nouveau, à dépasser ses blocages et ses habitudes de pensée. Il lui faut maintenant définir une autre façon d'être au monde, en faisant alliance avec "l'éternité des choses muettes" (TM: 152), c'est-à-dire en tenant compte de la mort, de l'absence et de l'inconscient.

Les apparitions de l'enfant deviennent pour Isabelle l'attestation d'un monde autre: non pas le monde de l'au-delà, explique Sallenave, mais le monde de la psyché. "Il est certain ... que ce monde est déjà là, invisible, que notre monde lui-même en est pétri, nourri, infusé, ce monde-là double notre monde, comment se ferait-il autrement qu'on en rêve?" (TM: 38). De façon significative, c'est par une série de rêves que le rétablissement d'Isabelle va s'opérer dans le roman. Au cours d'une nuit, Isabelle est

---

[6]Sallenave décrit très bien le complexe mélancolique et la culpabilité d'Isabelle lorsqu'elle note: "Pour finir, l'absence et la présence de l'enfant sont à peu près la même chose... La présence est un reproche; l'absence est une condamnation" (TM: 355).

frappée par une série d'images saisissantes. Elle rêve d'abord de deux files d'enfants qui entrent et sortent de sa maison "en deux courants ne se heurtant jamais, se croisant harmonieusement, visages lisses, lavés, corps comme du lait coulant de son propre corps" (TM: 343). Il faut évidemment se garder de psychanalyser les rêves d'un personnage de roman: car il ne s'agit, après tout, que d'une créature de papier. Cependant il est intéressant de noter que cette image onirique reprend, en la modifiant à peine, l'image centrale qui donne son titre aux *Portes de Gubbio*. Dans ce roman, on s'en souvient, Sallenave écrivait:

> Il y a deux portes aux maisons de Gubbio: l'une est large, l'autre étroite, légèrement plus haute que le niveau de la rue; l'une sert de passage aux vivants, l'autre de passage aux morts. Ma mémoire est semblable aux maisons de Gubbio, parfois cependant elle confond les deux portes. (PG: 229)

Il est clair que l'archétype de la *maison*, associée au thème de la *mémoire*, possède une importance particulière pour Danièle Sallenave. Cette image souligne à quel point les vivants sont solidaires des morts. L'identité individuelle, définie par un parcours existentiel, s'inscrit cependant à l'intérieur d'une lignée. Dans le rêve d'Isabelle, cette idée est mise en relief par les deux files d'enfants qui se croisent *en sens inverse* sur le seuil de la maison et qui symbolisent évidemment le passage des vivants et des morts. Les deux files d'enfants représentent le fil des générations: c'est-à-dire les enfants qui ont précédé Isabelle et qui lui ont donné naissance, mais aussi les enfants à qui elle va donner naissance et qui vivront après qu'elle aura disparu. Autrement dit Isabelle cherche dans son rêve à définir sa place raisonnable dans l'existence et dans l'histoire. Isabelle cherche à définir son identité non plus en fonction du temps superficiel d'aujourd'hui, du temps abstrait des aiguilles et des montres, du temps des actualités télévisées, du temps de la mode et du "progrès", mais en fonction du temps profond – le temps biologique et existentiel – qui est à proprement parler le temps du corps et le temps des morts. Pour la première fois de sa vie, Isabelle conçoit avec netteté qu'elle n'est qu'un maillon dans une lignée biologique: une lignée biologique dont elle est l'héritière. Mais en même temps, Isabelle comprend que la réalisation de soi dépasse ce simple destin biologique. C'est pourquoi Isabelle entend à la fin de son rêve une voix mystérieuse qui l'encourage: "Sois cela que tu ne sais pas encore mais que tu peux être!" (TM: 345). Isabelle comprend que la réalisation de soi ne consiste pas à nier le passé ni à ignorer les déterminations, mais au contraire à les reconnaître pour s'y arracher et pour progresser vers une plus grande authenticité.[7]

Le lendemain, en se réveillant, Isabelle sait que l'enfant mort ne reviendra plus la hanter. Elle décide alors de lui écrire de longues lettres. Sous l'effet du rêve, le deuil d'Isabelle s'est transformé en dette: en volonté de se souvenir et de porter témoignage. "L'endroit où il est, ce sont maintenant les rêves où elle pourra le rencontrer. Dans ces lettres, c'est comme si elle rêvait de lui" (TM: 353). Notons ici qu'il ne s'agit pas pour Isabelle d'écrire pour exprimer sa peine ou pour se vider d'une obsession. Au contraire il s'agit d'écrire pour demeurer proche de l'enfant par la pensée. Isabelle cherche à générer par l'écriture un temps existentiel authentique dans lequel le moi, en se dédoublant, peut interroger l'ordre indifférent du monde. Pour Sallenave l'écriture est le medium qui, en déconstruisant le temps factice et creux de l'actualité, peut produire ce temps réconcilié. "Ainsi donc, c'est vrai, il y a un autre endroit où elle peut le retrouver, où ils peuvent de nouveau être ensemble, où il ne lui demande rien, rien d'autre que d'être avec elle, même s'il fait semblant de ne pas la voir" (TM: 353).

Les Trois Minutes du diable raconte la découverte, par une femme ordinaire, de la réalité vivante de la psyché. La résolution du conflit d'Isabelle s'opère à travers une série de rêves, ce qui suggère que cette résolution ne saurait être obtenue sur le seul plan de l'intelligence rationnelle mais qu'elle nécessite la participation active de la psyché inconsciente. Au départ les apparitions mordides de l'enfant montrent qu'Isabelle cherche à remonter le temps, à revenir en arrière, avant le jour où l'enfant est mort, "avant tout ça, avant d'avoir été elle-même une enfant, avant, avant même d'être" (TM: 357). Il s'agit d'un fantasme de fuite hors du temps, d'une course panique vers l'origine insaisissable, pour échapper à la douleur du présent, de la séparation et de la mort. Mais maintenant, avec l'écriture, la perspective d'Isabelle change radicalement. Car l'écriture conjure la perte: elle la dépasse en l'assumant. Isabelle découvre en rédigeant ses lettres que l'écriture est "un dialogue avec les

---

[7]Le chapitre intitulé "Müh' ohne Zweck" (TM: 280-292) développe cette idée. "Il y a un poids ... qui l'empêche d'être libre, le poids de tous ces morts qui peuplent la terre, souterrainement, de leur corps, et qui ne le voulaient pas" (TM: 287).

morts, car il faut se faire mort avec eux afin de les rendre vivants" (DM: 176).

2. *Anna ou le temps vivant*

Examinons maintenant le parcours d'Anna dans le roman. A l'inverse d'Isabelle, Anna est une femme volontaire et indépendante. Anna est peintre et elle vit seule à Paris. Anna a soixante-seize ans; et elle songe au suicide. Pourquoi attendre "la défaite du corps" (TM: 123)? Pour se préparer à la mort, Anna décide de mettre de l'ordre dans son appartement et dans ses affaires. Elle vide ses tiroirs et ses placards, et décide de tout jeter. Pour Anna, point d'attendrissement sur la jeunesse: elle fait disparaître les photos de son album de famille à la poubelle. "Je les porte tous en moi et cependant je ne les aime pas" (TM: 318). Point d'attendrissement non plus sur la vie adulte. En relisant sa correspondance, Anna se remémore le "grand bla-bla des années cinquante" (TM: 311). D'un côté la guerre froide, les grandes grèves ouvrières dans le Nord, la mort de Matisse, l'indépendance de l'Algérie, les premières oeuvres formalistes. De l'autre l'apparition de la télévision, des barres d'HLM, des grandes surfaces, la photo en couleur et la musique d'ascenseur. Anna avait rêvé pendant ces années-là d'une grande émancipation politique, intellectuelle et sociale: elle avait rêvé d'un nouvel âge des Lumières. Mais quelle désillusion! Une mutation technologique et culturelle s'est produite, et non un renversement de l'ordre ancien.

A présent Anna se sent délivrée du passé comme de l'avenir: elle envisage de mourir avec une certaine sérénité. "Je tire un trait, de moi, sur moi, je n'ai rien à dire" (TM: 311). Sa véritable histoire, c'est celle que ses toiles expriment. Là se trouvent les vrais événements de sa vie. Anna ne compte sur aucun lendemain ni sur aucun prolongement de soi. Son oeuvre n'exprime aucun espoir de survie, même dans le souvenir des hommes. En fait Anna se méfie du mirage de la postérité: n'est-ce pas compter de façon inavouée sur une sorte de rachat posthume? Anna refuse d'être dupe. Son oeuvre lui donne simplement l'assurance que l'essence de sa vie – non pas sa vie mais sa vision du monde – a été saisie. Aucune image consolante n'habite Anna et, apparemment, aucun deuil.

Pourtant, au cours de ses rangements, Anna ne cesse de réfléchir à la vie de Simon, son compagnon d'autrefois. "Si j'avais une tâche, une seule, ce serait la vie de Simon... C'est drôle, juste avant de mourir, c'est sa vie qu'il me faut rassembler, pas la mienne" (TM: 308). Certes Anna finira par jeter aussi les photos, les lettres et les menus objets que lui a laissés Simon. Mais le texte que nous lisons présente malgré tout, bribe par bribe, vignette après vignette, une reconstitution de l'existence et de l'itinéraire intellectuel de Simon. Anna se souvient par exemple du petit village de Sologne où Simon avait vu le jour (180-83); de leurs longues promenades et leurs interminables discussions politiques dans le Paris des années d'après-guerre (224-31); du voyage de Simon en U.R.S.S. (116-119); de leurs vacances à Rouvre et en Italie (171-73); de l'été 68 à Nanterre durant lequel Simon fit connaissance d'Hélène (306-10); enfin de son brusque départ en Inde pour y mener une action humanitaire (253-57). Dans ces pages, l'auteur restitue de façon magistrale le climat intellectuel des années cinquante et soixante. D'une part Sallenave retrace l'engagement politique de Simon, ses désillusions successives, sa recherche obstinée d'une vie simple et digne, éthique et authentique. Mais en même temps Sallenave se garde d'idéaliser la vie de Simon, d'en supprimer les contradictions ou d'ajouter "une conclusion rhétorique, artificielle, empruntée, au trajet d'une vie qui n'en demandait aucune" (TM: 185).

    A travers la vie de Simon, Sallenave présente un témoignage lucide sur le parcours des intellectuels de gauche au cours des Trente Glorieuses. D'une part Sallenave montre qu'au cours des années 50 et 60 le prolétariat disparaît. Comme l'ont bien vu Roland Barthes et Georges Perec, les masses populaires, autrefois exploitées et marginalisées dans la société industrielle, ont été absorbées par les classes moyennes.[8] Converti à la culture de masse, gagné à la consommation, le prolétariat s'est réconcilié avec la société. Avec la disparition du prolétariat, l'engagement des intellectuels dans la lutte des classes s'exerce en porte-à-faux et perd une bonne part de sa raison d'être. D'autre part Sallenave montre qu'au cours des années 50 et 60 les nouveaux media ont progressivement supplanté les intellectuels auprès de l'opinion publique. Le magistère incontesté de l'intellectuel n'est-il pas devenu une impossibilité historique dans un monde dominé par la vitesse de l'information, par l'image, par le

---

[8] Je renvoie ici aux *Mythologies* de Roland Barthes et aux *Choses* de Georges Perec. Sallenave illustre la disparition du peuple dans la société d'abondance aux pages 227-232 et, bien entendu, à travers toute l'existence d'Isabelle.

reportage à chaud, en direct? La fuite de Simon en Inde et son action en faveur des pauvres du tiers monde expriment selon Anna la nostalgie d'un engagement politique qui n'est peut-être possible qu'en dehors de la société de consommation et de communication. "C'est sûrement pour ça que, lui, il est allé en Inde. Le tiers monde est un monde où les choses sont claires, où les riches sont riches et heureux; et les pauvres, pauvres et malheureux. Peut-être y a-t-il là-bas des hommes qui rêvent d'être libres" (TM: 144).

Sallenave observe qu'avec la chute du communisme dans les années 90, la parenthèse ouverte par la prise du Palais d'Hiver se referme brusquement. L'histoire du XXe siècle bascule; et cette histoire se réécrit sur des noms, des visages, des enjeux et des luttes qui s'effacent rapidement de nos mémoires. D'une part l'écrivain conteste l'institutionnalisation de l'histoire contemporaine, c'est-à-dire l'illusion rétrospective selon laquelle la succession des événements devait mener nécessairement de la Révolution d'octobre au goulag stalinien, du goulag stalinien à la guerre froide, de la guerre froide à l'empire éclaté. D'autre part l'auteur entend réagir contre l'amnésie de ses contemporains. A travers le portrait de Simon, Sallenave nous rappelle qu'il existait à l'Est comme à l'Ouest des hommes justes – ici des militants, là des dissidents – dont l'objectif était d'édifier une vie en société fondée sur l'égalité et non d'établir les privilèges d'une quelconque nomenklatura. Certes l'auteur considère le système communiste comme un système totalitaire, répressif et pervers. Mais en saluant la chute du communisme, elle craint de justifier le cynisme de ceux qui avaient haï, dans le communisme, l'expression d'un rêve de justice et d'égalité.

Pour finir, Sallenave note que le passé disparaît sous nos yeux et que nous vivons aujourd'hui dans *l'accélération de l'histoire*. Cette métaphore exprime bien, comme l'a vu Pierre Nora, le basculement de plus en plus rapide des événements dans un passé définitivement mort, la perception globale de toute chose comme disparue ou en voie de disparition. Le chapitre intitulé "Ivry, 1954" illustre bien cette idée. Un soir, Anna ne parvient pas à s'endormir. Obsédée par ses souvenirs, elle cherche à revoir au fond d'elle-même le visage de Simon tel qu'il se présentait dans les années 50. "Rien à faire, ses traits se brouillent" (TM: 220). Mais Anna s'assoupit quelques instants après. Elle retrouve alors immédiatement les traits exacts de Simon, illuminés par la vision nocturne. Dans le préambule de ce rêve, "une poussière grasse et noire recouvre tout, une grande auto sombre descend la rue, moteur coupé, et la lumière fait songer à Rome au soleil couchant, à des choses mélancoliques" (TM: 220). Tous ces détails sont significatifs car ils révèlent le deuil douloureux du passé chez Anna. D'une part la scène du rêve se déroule à la fin du jour, c'est-à-dire dans l'éclairage de la mort. D'autre part le décor lui-même souligne qu'il s'agit de la fin d'une époque: la ville, recouverte de poussière, semble voilée de crêpe noir. Enfin la limousine qui s'avance évoque aussi l'image de choses défuntes: il s'agit d'une sorte de corbillard qui roule moteur coupé, c'est-à-dire sans souffle et sans vie. Maintenant Anna voit en rêve Simon qui marche à sa rencontre, mais indéfiniment, progressant avec peine, comme si chacun de ses pas effaçait le précédent, comme s'il était incapable de la rejoindre dans le présent.

Notons ici à quel point cette image est proche de l'hallucination. Un cran de plus, et nous obtenons les visions morbides du petit "mort-vivant" d'Isabelle. Notons d'autre part que cette image traduit exactement le malaise et le complexe mélancolique de notre époque. Dans ce rêve Simon apparaît d'abord dans l'éclat de la jeunesse, "intact, brillant, jeune, renouvelé" (TM: 221). Mais ensuite, avec la logique paradoxale des suggestions oniriques, Simon apparaît "lointain, épuisé, exténué" (TM: 221) comme un nageur à bout de forces sombrant "dans les eaux de la mort" (TM: 221). Anna éprouve le sentiment intense d'être plongée dans une *brèche* entre le passé et l'avenir, dans un intervalle de temps entièrement déterminé par des choses qui ne sont plus et qui sombrent rapidement dans l'oubli. Anna voit avec inquiétude se dessiner autour d'elle une modernité coupée du passé, une modernité qui veut ignorer le passé, toute à la hâte d'embrasser un certain confort matériel et une certaine idéologie du progrès. Le monde contemporain semble pressé de rompre avec le passé: non pour le transformer mais pour l'enterrer et l'oublier. Mais est-ce raisonnable? Il ne suffit pas d'oublier le passé pour faire surgir, *ipso facto*, un avenir libre et radieux.

Pour Anna, en effet, le passé existe. Le passé n'est pas un poids mort que les vivants traînent péniblement après eux et dont ils doivent chercher à se débarrasser: le passé est une force qui les pousse en avant. De même, l'avenir existe: c'est une vague, un mur qu'il faut forcer et qui nous repousse vers le présent. Pour Anna, le passé et l'avenir sont deux forces qui résistent, qui pèsent de tout leur poids sur le présent, un poids écrasant parce qu'il vient du fond de leur origine. Autrement dit, le présent n'est pas pour Anna ce point évanescent que nous imaginons d'habitude, ce moment qui s'évanouit dans le passé tandis que nous sommes aspirés par l'avenir. Au contraire, le présent est un "champ de bataille où les forces du passé et du futur s'entrechoquent" (Arendt: 20). Sallenave distingue nettement ici le temps existentiel du temps intellectuel: le *temps vivant* où se tient l'individu n'est pas un continuum temporel abstrait et linéaire, un flux indifférent et rectiligne, mais un temps brisé au milieu, où le passé et l'avenir se rencontrent et s'affrontent.

Il existe par conséquent un contraste marqué entre Anna et Isabelle dans *Les Trois Minutes du diable*. Alors qu'Isabelle tente au départ de fuir la mort, Anna tente au contraire de faire face à la mort. Alors qu'Isabelle cherche à nier le passé et l'histoire, à vivre passivement l'actualité et à s'étourdir dans le mythe du "progrès", Anna cherche au contraire à comprendre le passé pour comprendre son époque et pour y définir son identité. Dans le cas d'Isabelle, comme nous l'avons vu, une métamorphose s'opère. Isabelle découvre à travers une expérience traumatique – la mort de son enfant – la *brèche* entre le passé et l'avenir, c'est-à-dire la nécessité de s'interroger sur le passé, sur l'existence et sur ses déterminations. Pour Anna, le problème se pose différemment. D'une part parce que cette interrogation a toujours joué un rôle essentiel dans sa vie: cette interrogation a nourri son travail de peintre. D'autre part parce qu'Anna se situe dans une autre phase de la vie qu'Isabelle: elle est maintenant entrée dans la vieillesse et l'avenir n'est plus le sien. Depuis la chute du mur de Berlin, Anna a compris que le monde dans lequel elle a grandi s'est remis en marche, mû par un mouvement irrépressible. Cependant, au coeur de ce monde en mutation, il lui semble que l'art peut jouer un rôle essentiel. D'une part l'art rappelle à notre époque avide de nouveautés l'importance du *don des morts*, c'est-à-dire de l'héritage des siècles passés, dont chaque génération est solidaire, qu'elle le veuille ou non. D'autre part l'art présente à l'homme contemporain une vision *méditée* du monde actuel – non pas la vision d'un monde idéal et éthéré, d'un monde situé hors du temps et comme au-dessus du temps – mais au contraire la vision d'un monde plongé dans le temps et plongé dans le mouvement, d'un monde saisi dans la *brèche* entre le passé et l'avenir. Pour Anna, l'art peut saisir le monde présent dans sa vérité, c'est-à-dire dans sa fragilité, dans son évanescence, dans la tension entre le passé et l'avenir. Dans l'art les objets les plus ordinaires et les plus ingrats – les taches sur un mur, un papier dans le ruisseau, une silhouette dans la rue, une bribe de conversation – prennent soudain un relief extraordinaire parce qu'ils sont sur le point de disparaître. Saisis par l'art, ces objets inversent soudain l'échelle des choses: "Le monde n'était plus ce qui les contenait, ils étaient ce qui contient le monde" (TM: 307).

Dans son essai magistral, *L'Art du roman*, Milan Kundera a relevé trois grandes tendances présentes dans le roman contemporain. D'une part la tendance à la "polyphonie narrative" (87): l'écrivain contemporain utilise plusieurs *voix* pour présenter différents points de vue sur l'existence et pour souligner la complexité des situations romanesques. D'autre part la tendance à "l'ellipse narrative" (88): l'écrivain contemporain embrasse une multiplicité de lieux dans une même intrigue pour produire le sentiment de la *simultanéité* moderne des événements. Enfin la tendance au "mélange des genres" (89). Pour traiter son thème, l'écrivain contemporain ajoute à la narration des événements le récit de rêves, le poème en prose et l'essai philosophique.[9] On retrouve évidemment tous ces éléments combinés de façon brillante dans *Les Trois Minutes du diable*. Sallenave explique:

> "En lisant Kundera, j'ai eu le sentiment de trouver un *sol* où faire reposer le roman moderne. Sa manière musicale de concevoir l'art du roman est plus voisine de mon travail que ne l'est le modèle pictural du nouveau roman. Avec lui, on peut être un formaliste du thème. Les thèmes ne sont pas forcément des contenus, mais des formes vivantes soumises à variations. (ELL: 12)

---

[9]Milan Kundera fait observer que l'apparition d'un discours philosophique dans une oeuvre de fiction affecte radicalement la nature de ce discours. Prononcé par un personnage de roman, le discours philosophique perd en effet son caractère d'assertion catégorique et devient une opinion "hypothétique, ludique ou ironique" (87). C'est le rôle joué dans *Les Trois Minutes du diable* par la correspondance échangée par Monseigneur et Banarjee. Les observations de Banarjee sur la mystique ascétique indienne – notamment sur le *samahdi*, un état de catalepsie prolongé suivi d'un brusque retour à la vie – s'inspirent de l'essai de Catherine Clément et Surdhir Kakar. En revanche les réflexions de Monseigneur sur le mystère de la résurrection et sur la représentation du Crucifié dans l'iconographie chrétienne s'inspirent des recherches d'Elmar Gruber et Holgen Kersten.

Conclusion

Parvenus au terme de cette étude, il convient de rappeler que l'oeuvre de Danièle Sallenave continue de se déployer. En 2002, l'auteur a publié deux textes importants. Le premier, *Nos Amours de la France*, est un entretien de l'auteur avec Périco Légasse et Philippe Petit concernant les valeurs fondamentales de la république et les dérives institutionnelles de la gauche plurielle. Sallenave y fait écho à certains thèmes développés par Jean-Pierre Chevènement au cours de la campagne présidentielle: elle souligne notamment la nécessité pour les citoyens et pour les nations de résister au rouleau compresseur de la mondialisation économique; l'importance d'une réforme administrative de l'État qui distingue soigneusement la décentralisation et le régionalisme; l'urgence de l'intégration des nouvelles générations dans le cadre institutionnel républicain, quelle que soit la "différence" que chacun puisse revendiquer par ailleurs. Le second texte, *D'amour*, est un récit autobiographique, à mi-chemin de l'auto-analyse et de l'essai. Dans ce texte, Sallenave aborde encore une fois le grand sujet qui lui tient à coeur, *le don des morts*, mais dans un sens plus personnel et plus concret. Le récit s'articule autour de deux personnes qui ont beaucoup marqué l'auteur et qui ont connu une fin de vie tragique. Le premier personnage, Pierre, a été l'amant de l'auteur. C'était un séducteur cherchant de façon compulsive à vivre sa vie comme une oeuvre d'art, à la façon de Swann. "Pour lui l'art était tout, non parce que l'art nourrissait sa vie, mais parce que l'art le séparait de la vie" (DA: 78). L'auteur souligne qu'une vingtaine d'années la séparait de Pierre; mais une entente physique parfaite les unissait malgré la différence de leurs opinions politiques. "J'ai aimé quelqu'un pour qui je n'étais pas du tout faite" (DA: 143). Certains éléments concernant cette liaison ont été transposés, nous l'avons vu, dans *Le Voyage d'Amsterdam* et dans *La Vie fantôme*. Mais *D'amour* se concentre surtout sur les dernières années de l'existence de Pierre, bien après sa séparation avec l'auteur. Au cours de ces années-là Pierre a sombré dans la dépression. Saisi par un mépris obsessionnel de soi, par un profond dégoût de la vie, il s'est laissé mourir à petit feu, en refusant toute alimentation. A sa mort, il ne pesait plus que 35 kilos. Le second personnage du livre, Odette, est la tante de l'écrivain. Odette, comme Pierre, était prisonnière d'une belle image de sa vie, d'une fausse identité. C'était une coquette voluptueuse et narcissique à l'extrême, qui estimait qu'une femme, pour être vraiment femme, ne doit tolérer du corps aucun relâchement. La déchéance physique était chez elle une véritable hantise. Sallenave raconte comment, dans les dernières années de sa vie, Odette a été prise d'une véritable aversion pour son corps vieillissant. Elle souhaitait devenir "fine et dure comme un diamant" (DA: 155). Faute d'y parvenir, elle s'est jetée sous un train à l'âge de 75 ans.

D'amour retrace donc avec une grande netteté psychologique la dépression douloureuse de Pierre et d'Odette, leur haine de soi suicidaire et leur rencontre finale avec la mort. L'écrivain observe que les vomissements de Pierre exprimaient de façon symptomatique le rejet de cette élégance qui avait caractérisé toute sa vie. Pierre aurait voulu disparaître tout entier dans ce trou que creuse la faim dans l'estomac – attitude masochiste à quoi s'ajoute un certain sadisme à l'encontre de sa femme et de ses proches. L'écrivain observe chez Odette une même volonté implacable de se punir, de souffrir, de disparaître. Le suicide brutal d'Odette, méticuleusement préparé, traduit son désir de prendre sa revanche sur le corps: de le meurtrir, de le déchirer, de le réduire en lambeaux. "Ça a dû saigner pas mal, dans le ballast et sur les roues. Faire pas mal de charpie humaine dans les cailloux et dans les buissons" (DA: 53).

Il est clair que *D'amour* n'est pas un simple *tombeau*, au sens littéraire de ce mot. Il s'agit plutôt d'un règlement de comptes. "J'ai charge d'un beau petit patrimoine de morts", explique l'auteur. "Mais je ne me contente pas de les pleurer, de les plaindre... Je poursuis avec eux une querelle interminable" (DA: 114). Comme l'a souligné Josyane Savigneau, le lecteur se demande longtemps quelle est la nature de cette querelle interminable. Ce n'est qu'à partir du vingt-sixième chapitre qu'émergent quelques éléments de réponse[1]. Dans ce chapitre un nouveau personnage important apparaît: l'oncle Édouard, le mari d'Odette, mort quelques

---

[1] Josyane Savigneau note très justement qu'il s'agit pour Sallenave "d'observer Pierre et Odette pour se comprendre...; de renouer, à travers Odette, avec cet oncle qui lui a servi de père pendant que le sien était à la guerre; ... et ainsi de faire le point avec son propre père" (3).

Conclusion

années auparavant. D'une part nous apprenons que cet homme a joué un rôle capital durant la petite enfance de l'auteur: il a remplacé son père retenu prisonnier dans un oflag allemand pendant toute la durée de la guerre. C'est donc autour de cet oncle chéri que s'est noué le complexe oedipien de la petite fille. L'auteur explique: "Je dois à la guerre d'être l'enfant de ce couple singulier, celui d'un frère et d'une soeur, eux-mêmes marqués par le malheur et rapprochés par la mort prématurée de leurs parents. Une espèce d'ascendance pharaonique, atypique, archaïque" (DA: 120). D'autre part nous comprenons dans ces pages que la passion qu'a éprouvée l'auteur pour Pierre n'est vraisemblablement qu'un transfert du lien oedipien qui unissait autrefois la jeune fille à son oncle. "J'avais toujours aimé les hommes plus âgés que moi" (DA: 13).

D'amour est un recueil de souvenirs: un mémorial. Mais c'est aussi une véritable autoanalyse. L'auteur tente d'élucider le "roman familial"[2] de son enfance où le contraste entre l'oncle et le père est repris, comme une variation, par le contraste entre Odette et la mère de l'auteur. Cependant cette lecture freudienne, avec ses conclusions prévisibles, ne doit pas être poussée trop loin. D'une part il est clair que les rapports entre l'oncle et la mère de l'auteur ont été chastes et fraternels. D'autre part il est clair que son père et sa mère s'aimaient. Toute l'ambiguïté réside évidemment dans l'attachement extraordinaire de l'auteur à son "oncle bien-aimé" (DA: 120). Danièle Sallenave est bien consciente que certains choix ultérieurs dans sa vie portent la marque de cette situation familiale atypique qui fut le lot de sa petite enfance: *le deuil d'un vivant*. Deux photographies, décrites en détail dans le texte, sont très significatives à cet égard. La première photographie représente le père de la fillette "en jeune lieutenant, dans son uniforme d'artillerie, petit et mince" (DA: 121). Cette photo, nous explique l'auteur, a trôné sur la cheminée de la salle à manger familiale pendant toute la durée de la guerre. L'enfant se faisait alors une idée assez vague et sans doute assez idéalisée de ce père absent. Mais lorsque celui-ci revient prendre sa place au foyer, l'enfant découvre un homme timoré, aigri et usé par les épreuves. Autant ce père lui paraît médiocre et étriqué, autant l'oncle Édouard lui fait l'effet d'un homme puissant, élégant et séduisant. "La prestance de mon oncle, je m'en étais avisée durant toutes ces années précédentes où, en l'absence de mon père,

---

[2]J'emprunte l'expression de "roman familial" à l'essai de Marthe Robert, *Roman des origines et origines du roman*: 15.

prisonnier en Allemagne, mon oncle avait veillé sur sa jeune soeur et moi" (DA: 105). Il semble donc que l'enfant ait grandi trop vite pour qu'un lien affectif profond puisse s'établir avec son père. La seconde photographie a été prise par Pierre au cours d'un voyage en Italie. "Sur cette photographie, je suis très bronzée, j'ai un T-shirt blanc éclatant qui dégage largement mon cou et mes bras", note l'auteur. "Je souris de ce sourire de connivence qu'on a pour un amant qui vous prend en photo" (DA: 43). Mais nous apprenons que cette photo, épinglée sur un panneau de liège, ornait le bureau de l'oncle Édouard. De la première photo à la seconde, de l'enfant à la femme, du père à l'oncle, de l'oncle à l'amant, tout un transfert inconscient s'exprime ici silencieusement.

D'amour a été écrit pour dénouer un complexe familial. Mais le livre a été écrit aussi pour accomplir les deuils successifs qui ont profondément affecté l'auteur. D'une part le livre montre à plusieurs reprises comment le deuil public et le deuil privé peuvent se contredire dans la vie courante. L'écrivain décrit par exemple la pompe officielle des funérailles de Pierre à l'église de Saint-Jacques-du-Haut-Pas. Elle souligne le malaise extrême qui l'a saisie pendant que le prêtre débitait son sermon dans les rumeurs de l'orgue et les vapeurs de l'encens. A l'inverse l'écrivain évoque avec tendresse l'incinération rapide et sans cérémonie d'Odette, l'indifférence totale de sa tante pour la question religieuse. En rendant ses derniers respects à ses morts, Sallenave avoue ressentir non pas de la douleur – "un sentiment qui aurait concerné mes sentiments à moi, ma vie à moi" (DA: 209) – mais de la pitié, c'est-à-dire un sentiment qui concerne leur vie à eux. Pierre et Odette ont en effet échoué à donner un sens authentique à leur vie: leur suicide n'est qu'une pauvre tentative pour se rattraper *in extremis*. D'autre part l'écrivain note qu'au cours du processus de deuil certains souvenirs oubliés remontent subitement à la conscience, avec une insistance et une netteté extraordinaires. Tel geste, tel propos, tel détail viennent restituer l'image vivante du défunt et de toute une époque révolue. Tout le travail de l'écriture consiste alors à capter de telles images, à marquer *un temps d'arrêt* sans tomber dans le ressassement de souvenirs conventionnels. Dans certains cas, ces images viennent frapper l'auteur avec une violence imprévue. Ces images viennent l'ébranler en profondeur car elles sont directement liées aux expériences fondamentales de la mort et de la sexualité. C'est pourquoi le "je" de l'autobiographie est remis en question dans *D'amour*. Loin de se complaire dans une régression narcissique – loin d'offrir au lecteur l'image d'un moi idéal et édifiant – l'auteur met au contraire l'accent sur la *cicatrice* de l'enfance. Comme les nouvelles d'*Un printemps froid*, les souvenirs rassemblés dans *D'amour* mettent l'accent sur la séparation et le déchirement, la perte et le deuil. Pour Sallenave l'expérience de la séparation gît au fondement même de la subjectivité. Réelle ou symbolique, cette expérience se renouvelle à chaque étape importante de la vie.

Comme Annie Ernaux, Danièle Sallenave considère qu'une prise de parole authentique renvoie toujours à un décor précis, à un contexte familial précis et à une position de classe précise[3]. Comme Annie Ernaux, Danièle Sallenave décrit dans *D'amour* le milieu simple dans lequel elle a grandi. Comme Annie Ernaux, elle raconte sa volonté tenace d'émancipation et sa mauvaise conscience à mesure qu'elle est parvenue à s'arracher à ce milieu. Comme Annie Ernaux, Danièle Sallenave avoue la "honte" qu'elle a éprouvée toute sa vie à l'égard de son père déchu. Comme Annie Ernaux, elle raconte la "passion simple" qui l'a longtemps unie à un homme marié[4]. Mais *D'amour* souligne aussi l'abîme qui a séparé sa génération de la génération de la guerre, c'est-à-dire la génération de Pierre, de son oncle et de sa tante, de son père et de sa mère. Sallenave rappelle la mutation profonde de la société française au cours des années soixante, les nouveaux enjeux politiques, les nouvelles attitudes liées au corps, à la famille et à la sexualité. "Rien d'eux ne peut se comprendre si on oublie cela. Non seulement ce que la guerre avait été, mais ce qu'elle transforma. Ce fut une rupture décisive, mais à retardement. Il fallut vingt ans, davantage, pour que le nouvel ordre des choses apparaisse dans la société, dans les rapports entre les gens, les rapports entre les hommes et les femmes" (DA: 106).

Pour finir l'écrivain souligne tout ce qui sépare la génération des années soixante et la génération nouvelle parvenue à l'âge adulte après la chute du mur de Berlin. L'engouement du siècle nouveau pour la mondialisation économique, pour l'idéologie postmoderne et pour la

---

[3]Sur ce point, voir Jennifer Willging, "Annie Ernaux's Shameful Narration": 83-84.

[4]Je fais évidemment allusion ici aux deux ouvrages d'Annie Ernaux, *La Honte* et *Passion simple*. Mais il est bien entendu qu'on ne saurait parler d'influence ici. Ernaux et Sallenave appartiennent à la même génération et leur sensibilité est assez proche. Sur ce point, voir Christian Garaud: 111-12.

prétendue fin de l'histoire lui apparaît comme une immense duperie. Comme l'a noté Jacques Derrida, la fin de l'histoire n'est qu'un mythe visant à conjurer le retour d'un fantôme menaçant: l'esprit du marxisme[5]. Or cet esprit du marxisme – *Les Portes de Gubbio* et *Les Trois Minutes du diable* nous l'ont montré – doit être distingué du communisme totalitaire et continue d'être pertinent. Pour Sallenave, la fin de l'histoire chère aux néo-libéraux marque simplement la substitution du *médiatique* au *messianique*, du *direct* au *vécu*. Mais Sallenave, nous l'avons vu, ne craint nullement d'être en retard sur cette fin de l'histoire: elle demeure parfaitement intempestive et fermement attachée à ses engagements.

Livre chargé de prémonitions et de réminiscences, *D'amour* fait donc éprouver au lecteur toute l'incertitude de notre temps. Face aux grandes impostures de l'époque quelle attitude adopter? Sallenave distingue deux grands modèles qui correspondent à deux pôles opposés dans son oeuvre: Simone de Beauvoir et Marguerite Yourcenar. Chez l'auteur du *Deuxième Sexe*, Sallenave admire la passion, la volonté tenace d'émancipation, le courage de prendre le monde à bras-le-corps, de changer l'ordre social. "Cette façon péremptoire de dire et de vivre donne à l'oeuvre de Simone de Beauvoir sa nécessité et sa force" (AMT: 5). Chez l'auteur des *Mémoires d'Hadrien*, Sallenave admire en revanche "la capacité de se tenir en arrière du monde et du temps, d'y trouver son assise et son style" (AMT: 5). Sallenave souligne que la figure du retrait ne correspond nullement chez Yourcenar à un mépris du monde. Ce retrait est au contraire la forme paradoxale d'un engagement. L'oeuvre de Marguerite Yourcenar nous enseigne que la culture ne nous appartient pas mais que nous appartenons à la culture. Cet écrivain nous rappelle que nous sommes "les dépositaires provisoires de la culture" (AMT: 5) et que "nous en avons la garde à l'égard de ceux qui nous suivront" (AMT: 5).

Cette garde et cette dette – faut-il le répéter? – ne définissent pas pourtant une attitude passive, réactionnaire, conservatrice. Au contraire. Dans le domaine de la culture, hériter veut dire choisir, passer au crible, trier entre plusieurs possibles. Comme le souligne Jacques Derrida, "l'héritage n'est jamais un donné, c'est toujours une tâche... Avant même de le vouloir ou de le refuser, nous sommes des héritiers, et des héritiers

---

[5]Je renvoie ici à la polémique qui oppose Jacques Derrida à Francis Fukuyama dans *Spectres de Marx*: 35-38.

endeuillés, comme tous les héritiers" (*Spectres de Marx*: 94). Il est clair que pour Danièle Sallenave, loin de nous détourner du présent, le *don des morts* nous oblige à y faire face, à nous interroger sur la transmission incertaine du passé. Loin de nous plonger dans un horizon d'abandon, de déréliction et de culpabilité, le *don des morts* nous rend au contraire à un horizon d'émancipation, de responsabilité et de justice.

Bibliographie

1. Oeuvres de Danièle Sallenave

Adieu. Paris: P.O.L., 1988.
L'Amazone du grand Dieu. Paris: Bayard, 1997.
Capitales oubliées. Paris: Éditions Vilo, 1993.
Carnet de route en Palestine occupée. Paris: Stock, 1998.
Conversations conjugales. Paris: P.O.L./Hachette, 1987.
D'amour. Paris: Gallimard, 2002.
Le Don des morts. Paris: Gallimard, 1991.
Lettres mortes. Paris: Michalon, 1995.
Passages de l'Est. Paris: Gallimard, 1992.
Paysage de ruines avec personnages. Paris: Flammarion, 1975.
Les Portes de Gubbio. Paris: P.O.L./Hachette, 1980.
Le Principe de ruine. Paris: Gallimard, 1994.
Un printemps froid. Paris: P.O.L./Hachette, 1983.
Les Trois Minutes du diable. Paris: Gallimard, 1994.
La Vie fantôme. Paris: P.O.L./Hachette, 1986.
Villes et villes. Paris: Éditions des femmes, 1991.
Viol. Paris: Gallimard, 1997.
Le Voyage d'Amsterdam. Paris: Flammarion, 1977.

2. Articles et entretiens de Danièle Sallenave

A quoi sert la littérature? Paris: Textuel, 1997.
"A propos du monologue intérieur". *Littérature* 5 (1971): 69-87.
"Assouvissement ou émancipation?". *Le Monde* (26 septembre 1991):13.
"L'Autre Enterrement". *Le Monde* (19 janvier 1996): 7.
"Aux confins du monde et du temps". *Le Monde des livres* (25 décembre 1987): 5.
"Beauvoir, sans relâche". *Le Monde des livres* (19 avril 1996): 6.
"La Belle Histoire du roman". *Le Monde des livres* (12 janvier 1990): 5.

"Choses vues en Serbie". *Les Temps modernes* 559 (février 1993): 24-37.
"Dans les villages illégaux d'Israël". *Le Monde* (13 janvier 1999): 24.
"De l'Allemagne: histoire d'une douleur élective". *Les Temps modernes* 551 (juin 1992): 86-105.
"De la démagogie, et des moyens de la combattre". *Le Monde* (29 avril 1995): 18.
"Des Intellectuels courageux et solitaires: le cercle de Belgrade". *Les Temps modernes* 570-71 (janvier-février 1994): 3-10.
"La Difficile Gloire de la libre existence". *Le Monde* (21 janvier 1999): 14.
"Eh bien, la guerre!". *Le Monde* (18 septembre 1992): 36.
"Éloge de la fécondité: sur Jorge Amado". *La Quinzaine littéraire* 484 (avril 1987): 8-10.
"Entretien avec Danièle Sallenave". *The French Review* 74 (décembre 2000): 346-55.
"L'Éthique de la littérature". *La Quinzaine littéraire* 478 (janvier 1987): 11-12.
"L'Expérience littéraire est-elle encore possible?". *L'Infini* 53 (Printemps 1996): 20-46.
"L'Extrême Contemporain: questions de roman". *Po&sie* 41 (1986): 16-22.
"Fiction et autobiographie". *Le Monde des livres* (24 juillet 1992): 7.
"Les Hommes et moi". *Le Monde* (31 août 1995): 8.
"Il n'y a pas d'école sans discipline". *Le Monde* (23 mars 1996): 7.
"L'Incidence gnoséologique du signe". *Digraphe* 1 (janvier 1974): 90-108.
"Une Langue en voie de disparition?". *La Nouvelle Revue Française* 525 (octobre 1996): 6-24.
"Le Lecteur enchanté". *L'Arc* 79 (juin 1980): 51-57.
"Lettre sur Gide". *Revue des sciences humaines* 199 (avril 1985): 5-12.
"Manifeste (sur la parité)". *Le Monde* (11 février 1999): 8.
"Ma Présence dans le récit". *Le Monde* (11 octobre 1986): 16.
"Le Nénuphar est tombé dans l'abîme!". *Le Monde* (20 juillet 1990): 23.
Nos Amours de la France. Paris: Textuel, 2002.
"Nous revendiquons *Le Deuxième Sexe*". *Le Monde* (22 avril 1999): 18."Nuits claires". *Revue des Sciences humaines* 194 (avril/juin 1984): 101-110.
"L'Oeuvre, la morale et le féminin". *Le Messager Européen* 5 (1991):

159-70.
"Onze propositions en hommage à *Temps et récit*". *Esprit* 7-8 (juillet-août 1988): 266-73.
"Pour une école républicaine". *Le Monde* (28 mars 2002): 18.
"La Reconquête du réel". *Le Monde des livres* (11 mai 1990): 6.
"Règles d'intervention(s)". *Littérature* 13 (1974): 3-15.
"La Traversée de l'image". *Semiotica* 2 (1972): 184-204.
"La Triste Ortie veille sur ces parages". *Les Temps modernes* 556 (novembre 1992): 1-15.
"Trois arguments contre la parité". *L'Express* (11 février 1999): 52.
"Le Violoniste exaspérant". *Les Temps modernes* 268 (octobre 1968): 635-40.

3. Études critiques diverses

ADORNO, Theodor. *Minima Moralia: Réflexions sur la vie mutilée*. Paris: Payot, 1983.
AGACINSKI, Sylviane. "Contre l'effacement des sexes". *Le Monde* (6 février 1999): 1 et 14.
–. *Politique des sexes*. Paris: Seuil, 1998.
ALLÈGRE, Claude. *L'Âge des savoirs*. Paris: Gallimard/Le Débat, 1993.
ARENDT, Hannah. *La Crise de la culture*. Paris: Gallimard, 1989.
BADINTER, Élisabeth. *Le Piège de la parité*. Paris: Hachette, 1999.
–. "La Revanche des mères". *Le Monde* (22 avril 1999): 4.
–. *L'Un est l'autre: Des relations entre hommes et femmes*. Paris: Odile Jacob, 1986.
–. *XY: De l'identité masculine*. Paris: Odile Jacob, 1992.
BARD, Christine. *Les Filles de Marianne: Histoire des féminismes (1914-1940)*. Paris: Fayard, 1995.
BARTHES, Roland. *Oeuvres complètes* (vols. 1-3). Paris: Seuil, 1995.
BAYROU, François. *La Décennie des mal-appris*. Paris: Flammarion, 1990.
BEAUVOIR, Simone de. *Le Deuxième Sexe*. Paris: Gallimard, 1949.
–. *La Femme rompue*. Paris: Gallimard, 1968.
BERGAMO, Nino. *L'Anatomie de l'âme*. Paris: Jérôme Millon, 1994.
–. *La Science des saints*. Paris: Jérôme Millon, 1992.
BISHOP, Michaël. "Modes de conscience: Germain, N'Diaye, Lépront et

Sallenave". *Écritures contemporaines* 2 (1999): 99-114.
BLANCHOT, Maurice. *L'Entretien infini*. Paris: Gallimard, 1969.
BOUCHARD, Guy. "Élisabeth Badinter et les conditions d'une écriture sexuée". *Études francophones* VIII-1 (1993): 5-38.
BOURDIEU, Pierre. *La Distinction*. Paris: Minuit, 1979.
–. *Les Règles de l'art*. Paris: Seuil, 1992.
BOUVIER, Nicolas. *L'Usage du monde*. Paris: La Découverte, 1985.
BROSMAN-SAVAGE, Catharine. *Simone de Beauvoir Revisited*. Boston: Twayne, 1991.
BRUCKNER, Pascal. *Le Sanglot de l'homme blanc: Tiers Monde, culpabilité et haine de soi*. Paris: Seuil, 1983.
CARRÈRE D'ENCAUSSE, Hélène. *La Gloire des nations, ou la fin de l'empire soviétique*. Paris: Fayard, 1990.
–. *Victorieuse Russie*. Paris: Fayard, 1992.
CERF, Muriel. *L'Antivoyage*. Paris: Mercure de France, 1974.
de CERTEAU, Michel. *La Fable mystique*. Paris: Gallimard, 1982.
CIXOUS, Hélène. *La Jeune Née*. Paris: UGE, 1975.
CLÉMENT, Catherine. *Le Féminin et le sacré* (avec Julia Kristeva). Paris: Plon, 1998.
–. *La Folle et le saint* (avec Sudhir Kakar). Paris: Seuil, 1993.
–. *La Jeune Née* (avec Hélène Cixous). Paris: UGE, 1975.
CORBETT, James. "Sexual Equality in Politics and Affirmative Action in France". *The French Review* 74 (Avril 2001): 882-890.
DAWSON, Deirdre. "Danièle Sallenave: The Writer as Archaeologist". *Yale French Studies* (1988): 237-257.
DEGUY, Michel. *Choses de la poésie et affaire culturelle*. Paris: Hachette, 1986.
DELEUZE, Gilles. *Mille plateaux*. Paris: Minuit, 1980.
DELPHY, Christine. "The Invention of French Feminism: An Essential Move". *Yale French Studies* (1995): 190-221.
DE NOOY, Juliana. *Derrida, Kristeva, and the Dividing Line*. New York: Garland Publications, 1998.
DERRIDA, Jacques. *Spectres de Marx*. Paris: Éditions Galilée, 1993.
DEVARRIEUX, Claire. "Tu n'as rien vu à Lokrum: *Passages de l'Est* de Danièle Sallenave". *Libération* (7 janvier 1993): 24.
DUCHEN, Claire. *Feminism in France*. London: Routledge, 1986.
ELIACHEFF, Caroline et Nathalie Heinich. *Mères/filles: une relation à*

trois. Paris: Albin Michel, 2002.
ELIADE, Mircea. *Le Journal des Indes*. Paris: L'Herne, 1992.
–. *Le Sacré et le profane*. Paris: Gallimard, 1965.
ERNAUX, Annie. *La Honte*. Paris: Gallimard, 1997.
–. *Passion simple*. Paris: Gallimard, 1991.
EVANS, Mary. *Simone de Beauvoir: A Feminist Mandarin*. London: Tavistock, 1985.
EYGUN, François-Xavier. "L'Art et la littérature: autour de Sallenave, Quignard et Sollers". *Dalhousie French Studies* 31 (1995): 91-96.
FALLAIZE, Elizabeth. *The Novels of Simone de Beauvoir*. London: Routledge, 1988.
FALUDI, Susan. *Backlash: The Undeclared War Against American Women*. New York, Crown, 1991.
FINKIELKRAUT, Alain. *La Défaite de la pensée*. Paris: P.U.F., 1987.
FORNI, Jacqueline. "Entre l'amour et les obligations sociales: *La Vie fantôme* de Danièle Sallenave". *La Quinzaine littéraire* 471 (1-15 octobre 1986): 9-10.
FFRENCH, Patrick. *The Time of Theory: A History of 'Tel Quel'*. Oxford: Clarendon Press, 1995.
FREUD, Sigmund. *Métapsychologie*. Paris: Gallimard, 1940.
FUKUYAMA, Francis. *The End of History and the Last Man*. New York: The Free Press, 1992.
GARAUD, Christian. "Il n'est héritier qui ne veut: Danièle Sallenave, Annie Ernaux et la littérature contemporaine". *Thirty Voices in the Feminine* (Amsterdam/Atlanta: Rodopi, 1996): 111-18.
GASPARD, Françoise, Servan-Schreiber, Claude et Le Gall, Anne. *Au Pouvoir, Citoyennes!: Liberté, égalité, parité*. Paris: Seuil, 1992.
GAUCHET, Marcel. *Les Idées en France de 1945 à 1988*. Paris: Gallimard, 1989.
GRASS, Günter. *Zunge zeigen*. Frankfurt: Luchterhand, 1986.
GRUBER, Elmar et Holger Kersten. *Das Jesus Komplott*. München: Langen/Müller Verlag, 1992.
HIGGINS, Lynn et Brenda Silver. "Rereading Rape". *Rape and Representation*. New York: Columbia U.P., 1991. 1-11.
IRIGARAY, Luce. *Speculum: De l'autre femme*. Paris: Minuit, 1974.
JOHNSON, Pauline. "Feminism and the Enlightenment". *Radical Philosophy* 63 (Spring 1993): 3-12.

JOSSUA, Jean-Pierre. *Seul avec Dieu: l'aventure mystique*. Paris: Gallimard, 1996.
JUNG, Carl Gustav. *L'Ame et la vie*. Paris: Buchet/Chastel, 1963.
–. *Dialectique du moi et de l'inconscient*. Paris: Gallimard, 1964.
–. *Les Racines de la conscience*. Paris: Buchet/Chastel, 1971.
KAPLAN, Robert. *Eastward to Tartary: Travels in the Balkans, the Middle East and the Caucasus*. New York: Random House, 2000.
KRISTEVA, Julia. *Des Chinoises*. Paris: Éditions des femmes, 1974.
–. *La Révolution du langage poétique*. Paris: Seuil, 1974.
–. "Le Sens de la parité". *Le Monde* (23 mars 1999): 1 et 16.
KUNDERA, Milan. *L'Art du roman*. Paris: Gallimard, 1986.
–. "Un Occident kidnappé: la tragédie de l'Europe centrale". *Le Débat* 27 (novembre 1987): 3-22.
–. *Les Testaments trahis*. Paris: Gallimard, 1993.
LE MARINEL, Jacques. *Danièle Sallenave: Visages de l'oeuvre*. (Actes du Colloque d'Angers tenu en mai 1999). Angers: PUA, 2000.
LEPAPE, Pierre. "Un Roman d'avant-guerre". *Le Monde des livres* (23 septembre 1994): 2.
LÉVI-STRAUSS, Claude. *Mythologiques*. Paris: Plon, 1964.
–. *Tristes Tropiques*. Paris: Plon, 1955.
LILAR, Suzanne. *Le Malentendu du Deuxième Sexe*. Paris: PUF, 1970.
MATHY, Jean-Philippe. "The Popularity of American Culture". *Sites: The Journal of Contemporary French Studies* (Spring 1997): 141-155.
NAIPAUL, Vidiadhar Surajprasad. *An Area of Darkness*. New York: Vintage Books, 1981.
NOIVILLE, Florence. "Vent d'Est: les journaux de voyage de Danièle Sallenave". *Le Monde des livres* (15 janvier 1993): 5.
NORA, Pierre. "Entre mémoire et histoire: la problématique des lieux". *Les Lieux de mémoire* I. Paris: Gallimard, 1984. 17-42.
PANCRAZI, Jean-Noël. "Le Désastre de Calcutta". *Le Monde des livres* (18 février 1994): 5.
PASOLINI, Pier Paolo. *L'Odore dell' India*. Rome: Longanesi, 1962.
PATOCKA, Jan. *L'Écrivain, son objet*. Paris: P.O.L., 1990.
PAUTROT, Jean-Louis. *La Musique oubliée*. Genève: Droz, 1994.
PISIER, Évelyne. "Contre l'enfermement des femmes". *Le Monde* (11 février 1999): 12.
POIROT-DELPECH, Bertrand. "Une riche méditation sur le temps: *Les*

Portes de Gubbio de Sallenave". *Le Monde des livres* (17 octobre 1980): 15.
RACINE, Jean-Luc. "Calcutta, chaudron lyrique". *Calcutta au coeur des créations et des révoltes*. Paris: Autrement, 1997. 9-25.
RAILLARD, Georges. "Termite et abeille maçonne: *Les Portes de Gubbio* de Sallenave". *La Quinzaine littéraire* 333 (1-15 octobre 1980): 10-11.
RICOEUR, Paul. *Temps et récit* (vol 1-3). Paris: Seuil, 1985.
ROBERGE, Gaston. "Images de Calcutta: du trou noir à la boîte noire". *Calcutta: la ville et sa crise*. Paris: CNRS, 1986. 17-26.
ROBERT, Marthe. *Roman des origines et origines du roman*. Paris: Grasset, 1972.
ROLIN, Olivier. *En Russie*. Paris: Quai Voltaire, 1987.
ROSOLATO, Guy. *La Relation d'inconnu*. Paris: Gallimard, 1978.
ROUMETTE, Sylvain. "En lisant, en écrivant: *Le Don des morts* de D. Sallenave". *Les Temps modernes* 542 (septembre 1991): 96-103.
SALGAS, Jean-Pierre. "Romans mode d'emploi 1960-1990". *Le Roman français contemporain*. Paris: ADFP, 1997. 7-52.
SANSOT, Pierre. *Les Gens de peu*. Paris: P.U.F., 1992.
SAVIGNEAU, Josyane. "Elles, enfin au pluriel". *Le Monde* (22 avril 1999): 17.
–. "Femme piégée". *Le Monde des livres* (16 mai 1997): 7.
–. "Sallenave et sa mémoire". *Le Monde des livres* (5 avril 2002): 3.
–. "La Vie perdue". *Le Monde des livres* (19 septembre 1986):18.
SCHOR, Naomi. "French Feminism is a Universalism". *Differences* 7 (Spring 95): 15-47.
SCOTT, Joan. *Only Paradoxes to Offer: French Feminists and the Rights of Man*. Cambridge, Massachusetts: Harvard UP, 1996.
SHAFI, Monika. "Gazing at India: Representations of Alterity in Travelogues by I.Drewitz, G. Grass, and H. Fichte". *German Quarterly* 70 (Winter 1997): 39-56.
STONE-MCNEECE, Lucy. "Identity and Difference in de Beauvoir's *La Femme rompue*". *French Forum* 15 (January 1990): 73-92.
STRAVINSKY, Igor. *Poétique musicale*. Paris: Plon, 1952.
THÉBAUD, Françoise. "Le Mouvement nataliste dans la France de l'entre-deux guerres". *Revue d'histoire moderne et contemporaine* 123 (juillet 1985): 276-301.
TODOROV, Tzvetan. *Face à l'extrême*. Paris: Seuil, 1991.

VIDAL-NAQUET, Pierre. "Apartheid en Palestine". *Le Monde des livres* (31 juillet 1998): 18.
WEIL, Simone. *L'Enracinement*. Paris: Gallimard, 1949.
WELSH, John. *Spiritual Pilgrims: Carl Jung and Teresa of Avila*. New York: Paulist Press, 1982.
WILLGING, Jennifer. "Annie Ernaux's Shameful Narration". *French Forum* 26 (Winter 2001): 83-103.

Table des matières

Introduction		11
Chapitre 1	Exercices de style	35
Chapitre 2	A l'écoute de la musique	51
Chapitre 3	Regards sur la vie séparée	69
Chapitre 4	Féminisme et postféminisme	91
Chapitre 5	L'écriture du voyage	113
Chapitre 6	Le roman polyphonique	127
Conclusion		141
Bibliographie		149